外国人生徒のための

教科につなげる日本語

応用編

有本昌代

スリーエーネットワーク

Published by 3A Corporation.
Trusty Kojimachi Bldg., 2F, 4, Kojimachi 3-Chome, Chiyoda-ku, Tokyo 102-0083, Japan

ISBN978-4-88319-918-1 C0081

First published 2023
Printed in Japan

はじめに

　2018年の出入国管理及び難民認定法の改正等により日本で生活する外国人が増加し、それに伴い今後ますます日本の学校で学ぶ外国人児童生徒の数は増加し、多様化すると予想されます。その際、外国人児童生徒にとっても日本語の習得ならびに年齢に応じた学力や考える力、表現する力を育てることが重要となります。そこで、日本語の学習を通し学齢期にふさわしいテーマで教科の基礎となる語彙や知識、考える力、表現する力を育てる内容重視の日本語教材として開発したのが、本教材です。

　本教材は日本の中学や高校に在籍する外国人生徒、さらに帰国子女、日本語学校や大学の留学生を対象とし幅広く使うことができます。外国人生徒や帰国子女の生徒に対しては、内容を重視して日本語力や興味、学校の教科指導の進度に合わせてトピックを選んで学習するのが効果的です。例えば社会科を例に挙げると、主に高校1年次に現代社会、2年次に歴史、3年次に政治経済を学ぶことが多く、それぞれの教科に関連した読み物を読むことで日本語学習とともに教科の基本となる語彙や知識を学ぶことができるので、教科内容を理解する橋渡しとなります。さらに日本語学校や大学の留学生にとっても日本語の四技能の学習に加え日本の学校の教育内容や日本事情についても学ぶことができ、より日本社会や文化への理解を深めることができると考えます。

　各トピックには必ずアウトプットをする活動を設けています。日本の学校教育は大きな改革を迎え、アクティブ・ラーニングを積極的に導入し、今後さらに思考力、判断力、表現力が重視されます。ディベート、インタビュー、スピーチなど様々な活動を通し日本語でアウトプットを行い、総合的な日本語のスキルと発表力、伝達力、発信力を育成することができます。

　本教材が日本語を学ぶ学習者の皆様、日本語を教えられる教員の皆様のお役に立つことを心より願っております。

2023年4月　有本昌代

本教材で指導される先生方へ

本教材の構成・ねらい

本教材は基礎編（初級レベル）、応用編（中級レベル）、発展編（上級レベル）で構成されます。

基礎編	自己や自国の紹介や身近な生活に焦点を当て、調べる、まとめる、発表することを通し、自己発信することを学ぶ。
応用編	文化的、社会的な面に目を向け、より深く知識や物事を学ぶ。ディベート、インタビュー形式の会話など様々な場面や方法で発信することで学習言語としての日本語の力を伸ばす。
発展編	より深く自己や社会、世界を見つめ、情報を集め、テーマに対する他者の意見を聞き、自分の意見を深める。アカデミックなテーマから世界へと視野を広げ考える力と実践的な日本語の力を身につける。

全体のコンセプト

本教材では、日本語学習と様々な教科の内容を連携させ、日本語の文型や教科の語彙・知識を学びながら、「聞く、読む、話す、書く」の四技能を総合的に伸ばします。

学校教育における最終的な目標は、各教科で学んだ知識を融合的、統合的に活用させることであると考え、本教材は以下の「7つの育てたい力」を目標として立て、そ

の理念のもと多様な教科内容に関連させて各トピックを作成し、学習内容と活動の開発を行いました。そして、各トピックでの学習を通し、「身につけさせたい7つのスキル」（以下参照）を育成することを目指しています。

◆考える力につなげる「7つの育てたい力」

①文化を創造する

②環境問題を考える

③人生・生き方を考える

④世界に関心を持つ

⑤歴史・伝統から学ぶ

⑥新しい時代に適応する

⑦国境を越えたつながりを知る

◆生きる力・考える力につなげる「身につけさせたい7つのスキル」

①批判的思考力

②経験・歴史・先人から学ぶ力

③知識活用力

④問題発見・解決する力

⑤想像力・創造力

⑥表現力・発信力

⑦コミュニケーション力・話し合う力・協調力

各トピックの基本的な流れ

それぞれのトピックの学習の流れは、下記の項目で構成されています。

⑴ はじめに：トピックについて知っていることを確認したり、興味を引き出したりする。

⑵ リスニング：リスニング用に本文を要約した文章を聞き、内容理解と言葉の聞き取りを行う。

⑶ 漢字言葉学習：言葉カードを使って読み方や意味を学ぶ。定着させるために、カードを使って様々な活動を行う。漢字の使用については、本教材では原則として、小学4年生以上の漢字にルビを振っているが、副教材の言葉カード等を活用し、漢字圏、非漢字圏を問わずルビがなくても漢字の読みと意味が理解できることを目指す。

　＊漢字の書きについては、漢字圏か非漢字圏かによって既得知識が異なるので担当の先生のご判断にお任せします。個々の場合に応じてご対応いただきたいと思います。

⑷ 文法学習：文型や活用形を学習し、学習する文法を使った例文を作成する。

⑸ 内容理解：本文に関する内容理解と応用的な問題をする。段階を経て、要約する力、発信する力を育てていく。

⑹ 活動：各トピックで学んだ内容をもとに、ディベート、インタビュー、スピーチ、俳句作り、伝記作成など様々な活動を行い、実践的かつ総合的に日本語を使う練習をする。

学習時間

応用編（12トピック）：1トピックにつき7時間〜10時間

　＊学習時間は、活動に充てる時間によって変わる可能性があります。

　「指導の目安」も参考にしてください。

補助教材

　応用編の補助教材を https://www.3anet.co.jp/np/books/3936/ で公開しています。補助教材を効果的に使っていただくことで、学習効果が高められると思います。ぜひご活用ください。

- ・リスニング問題の音声
- ・解答
- ・指導の目安：各トピックの目標、使用語彙、学習文型、学習内容、具体的な時間配分と進め方などについてまとめています。
- ・言葉カード
- ・トピック3：インタビューのスクリプトシート
- ・トピック5：防災カルタシート
- ・トピック12：すごろくシート、クイズカード、クイズの答え
- ・評価表

学習項目一覧

トピック	**1** 情報社会	**2** 日本の歴史	**3** 小泉八雲	**4** 短歌と俳句
ねらい	情報社会の長所と短所について考え、情報を正しく読み取る力、情報を正しく使い、発信する力について理解を深める。ディベートを通し、データなどを用いて説得力のある話の展開ができるようにする。	社会科で歴史を学ぶ準備段階として、日本の歴史の大きな流れを学ぶ。歴史の基本的な時代の名称や流れ、言葉、主な出来事について学ぶことで、歴史への理解関心を引き出し、教科の学習の理解につなげることができる。	小泉八雲がインタビューに答えるというテキストを読み、尊敬語、謙譲語を学ぶ。活動では歴史的な人物について調べ、時代背景や歴史的なできごとを踏まえ、その人になったつもりで尊敬語、謙譲語を使ってインタビューに答える。	和歌の歴史を学び、短歌や俳句の知識を学ぶ。連想法を使った俳句作りを楽しみ、実際に作ったものを俳句コンクールに応募する。
活動	ディベート	リサーチ・パワーポイント発表	インタビュー	俳句作り
関連する教科	現代社会・情報	日本史	国語（文学史）・日本史	国語（古典）・日本史
文法学習	1．〜によって（手段） 2．〜に応じて 3．〜上で 4．〜反面 5．条件形 ◇「ば」と「と」「たら」「なら」の違い 6．〜際に（は）	1．〜ため（理由） 2．（〜から）〜にかけて 3．〜をめぐって 4．意向形＋とする 5．〜というところで 6．〜や〜といった〜 ◇「という」と「といった」の違い	1．尊敬語・謙譲語 2．〜とは〜 3．〜ものの 4．〜うちに／〜ないうちに 5．〜はもとより〜も 6．〜ばかり	1．（〜から）〜にいたるまで 2．〜にわたって 3．〜にもかかわらず 4．〜のみならず〜も 5．〜わけだ

トピック	**5** 地震	**6** ノーベル賞	**7** 体と健康	**8** ボランティア活動
ねらい	地震の仕組みを学び、地震が起きた時にどうすればいいのか、地震などの災害に備えてどんな準備が必要なのかを学ぶ。 活動では、防災カルタを作り、楽しみながら防災意識を高める。	ノーベル賞が作られた歴史を学び、これまでノーベル賞を受賞した人々について理解を深める。 文学、物理、医学などさまざまな分野で活躍している人たちの取り組みを通し、社会や世界に目を向ける。	生物の細胞や人間の体の仕組みを学び、健康的な生活を送るために大切なことを学ぶ。 活動ではアンケートを実施し、集めたデータを分析し、内容をまとめて発表する。	世界でボランティア活動をしている人や団体について書かれた本文を読み、ボランティアとは何かについて理解する。 また、ボランティアの経験から学べること、得られることについて自らの経験を通し話し合う。
活動	防災カルタを作る	伝記を書く	アンケート	作文・発表
関連する教科	現代社会・地学	現代社会・世界史・科学	生物・保健体育	現代社会
文法学習	1．〜ば〜ほど 2．〜以上（は） 3．〜において 4．〜のもとに 5．〜ものなら 6．〜かねない	1．〜のもとで 2．〜によって 　（理由） ◇「名詞＋により」の他の用法のまとめ 3．〜一方（で） 4．〜に反して ◇「反面」「〜一方」「〜に反して」の違い 5．〜にもとづいて 6．〜をはじめ〜	1．〜に関して 2．〜ことに… 3．〜はずだ 4．〜に越したことはない 5．〜こそ…	1．〜一方だ 2．〜にすぎない 3．〜にかかわらず ◇「〜にかかわらず」と「〜にもかかわらず」の違い 4．〜どころか 　〜さえ（も） 5．〜得る

トピック	**9** リサイクル	**10** 故事成語	**11** 音楽の歴史と作曲家	**12** 人権と裁判
ねらい	ごみ処理の問題、4Rの取り組みについて学び、環境のために身近にできることを考える。 活動では環境のためにできることをポスターに描き、校内や校外に貼るなどして発信する。	故事成語について学び、理解を深める。ある故事成語について詳しく調べ、起承転結のある物語文を書き、紙芝居を作る。紙芝居はクラスで発表し、人前でも自信をもって話せるようにする。	音楽の歴史を通し、その時代背景や音楽の特徴を学び、音楽と歴史に対する理解を深める。 活動では歌詞の翻訳を比較し、言語の違いに注目する。	歴史における革命や市民運動などのできごとから人権や三権分立の考え方がどのように成立したのかを学び、裁判の仕組みについても理解する。
活動	ポスター発表	紙芝居を作る	歌詞の比較・ 日本語で歌う	すごろくゲーム
関連する教科	現代社会	国語(古典)・日本史・世界史	世界史・音楽	現代社会・世界史
文法学習	1．〜そばから 2．〜とたん 3．〜ばかりだ ◇「〜ばかりだ」と「〜一方だ」の違い 4．〜つつ 5．〜あげく	1．〜か〜ないかのうちに 2．〜損なう 3．〜べきではない 4．〜といったら	1．〜極まりない 2．〜をおいて 3．〜ぶり 4．〜向けの〜 5．〜を余儀なくされる 6．〜ものと考えられる 7．〜かつ〜 8．〜をものともせず	1．〜恐れがある 2．〜に則して 3．〜べきだ 4．〜につき

目次

トピック

1

じょうほうしゃかい
情報社会

― ― ― ― ― ―

現代社会は「情報社会」と呼ばれ、多くの情報
が飛び交い、さまざまな方法で情報を手に入れ
たり、発信したりすることができるようになり
ました。しかし、それに伴い問題も生じていま
す。私たちはこれからの情報社会にどう対応し
ていけばいいでしょうか。

はじめに

◆次の質問に答えましょう。

---

1. 次の商品を開発された順番に並べなさい。

   コンピューター　　テレビ　　ラジオ　　ポケットベル　　電話

2. ラジオ放送が最初に行われたのは、どこの国ですか。

   （a）イギリス　　（b）フランス　　（c）ドイツ　　（d）日本　　（e）アメリカ

3. 「テレビ」は英語の television がもとになっていますが、この television という単語は、ギリシャ語由来の tele とラテン語由来の vision が合わさった言葉です。最初の tele は次のどの意味ですか。

   （a）遠く離れている　　（b）動いている　　（c）色がついている

4. 電話を発明したのは、次のどの人ですか。

   （a）アレクサンダー・グラハム・ベル　　（b）トーマス・エジソン

   （c）ニコラ・テスラ

5. 日本で初めて携帯電話が発売されたのはいつですか。

   （a）1956年　　（b）1963年　　（c）1987年　　（d）1996年

6. インターネットの交流を通して、社会的なつながりを作るシステムを何と言いますか。

   （a）PPT　　（b）SNS　　（c）OS　　（d）CPU

7. 次の①〜③の文は、何について説明していますか。下の□の中から選びなさい。

   ①個人が身の回りのできごとや自分の主張などを日記形式で書いて、公開することができるサービス。

   ②趣味や出身地といった共通点から友達を探して、グループを作ったり、メッセージを送ったりすることができるサービス。

   ③情報機器や通信ネットワークを通じて他者と情報をやり取りする上で、危険を回避し責任を持って行動する態度。

SNS　　　　情報モラル　　　　ブログ

リスニング

◆リスニング用のスクリプトがあります。(p.225)
「情報社会＜リスニング用＞」を聞いて、質問に答えましょう。

＜1回目＞

1．正しい文に○、間違っている文に×を書きましょう。

（1）文字がない時代は、情報を伝えることができませんでした。 （　　　　）

（2）紙が発明されてから、初めて情報を残せるようになりました。 （　　　　）

（3）19世紀のアメリカで最も早く情報を伝えることができたのは手紙でした。（　　　　）

（4）ラジオやテレビの発達で、個人でも自分の考えを伝えられるようになりました。

（　　　　）

（5）インターネットの情報はすべて正しいわけではありません。 （　　　　）

＜2回目＞

2．もう一度聞いて、次の（　　　　）に入る言葉を書き入れなさい。

　　昔から人々は情報を伝えるために、さまざまな方法を使ってきました。（①　　　　　　　　）がまだなかった時代には、（②　　　　　　　　）や旗、口頭で情報を伝えていました。その後、（　①　）が発明されると、石や動物の骨、木片に情報を残すことができるようになり、紙が発明されてからはより多くの情報を残せるようになりました。さらに、（③　　　　　　　　）制度ができ、（④　　　　　　　　）によって遠くの人に情報を伝えることが身近になりました。また、19世紀にアメリカで（⑤　　　　　　　　）が発明され、より早く（⑥　　　　　　　　）で情報を伝えることができるようになりました。その後も、ラジオやテレビ、（⑦　　　　　　　　　　　）などが発明されました。今日ではインターネットが普及し、たくさんの情報を集めたり、個人でも情報を（⑧　　　　　　　　）したりすることができるようになりました。その一方で、それらの情報の中には誤ったものもあります。大切なのは、（⑨　　　　　　　　）できる情報を見つけること、適切な通信メディアを使い、情報を多角的に（⑩　　　　　　　　）すること、正しい情報を伝える責任を持つことです。

*音声は https://www.3anet.co.jp/np/books/3936/ で聞いてください。

本文

　昔から人々は情報を伝えるために、さまざまな方法を使ってきました。文字がまだなかった時代は、太鼓や旗を使って合図を送ったり、口頭で情報を伝えたりしていました。しかし、このような方法ではたくさんの情報を正確に伝えることや遠くの人に情報を伝えることができませんでした。その後、文字が発明されると、石や動物の骨、木片に情報を残せるようになり、紙が発明されてからは遠くの人にも多くの情報を伝えることができるようになりました。さらに郵便制度ができてからは、手紙によって遠くの人に長くて複雑な内容を伝えることが身近になりました。しかし、郵便で配達するのには時間がかかり、伝えたいことがすぐに伝えられませんでした。1876 年にアメリカで電話が発明されると、世界に広まり、電話によってより早く遠くの人にも音声で情報を伝えることができるようになりました。その後、ラジオやテレビ、コンピューター、携帯電話が社会の発展とともに発明され、インターネットも普及しました。このような技術によって、大量の情報の収集、処理、伝達が可能になり、IT 産業が大きく発展したことから、今日の社会は「情報社会」と呼ばれています。

　情報社会では、さまざまな手段が目的に応じて使われています。ラジオは音声だけで、映像を伝えることはできませんが、車を運転したり仕事をしたりしながら聞くことができます。テレビは世界のできごとを音声と映像で同時に伝えることができます。そして、インターネットが発達したおかげで手軽にたくさんの情報の中から目的に合った情報を集めたり、すぐに情報を発信したりできるようになりました。テレビは一方的に情報を伝えるだけですが、インターネットは伝えられた情報について自分の意見を発信でき、双方向的なやり取りが可能です。最近ではスマートフォンが普及し、ブログやソーシャル・ネットワーキング・サービス（SNS）などのソーシャルメディアが広く使われるようになっています。そして、個人でも世界に向けて情報を発信したり、会ったことがない人とも情報を共有したりすることがいっそう簡単にできるようになりました。

　ただし、インターネットを使う上で、いい点だけでなく悪い点もあることを知っておかなければいけません。インターネットは便利な反面、フェイクニュースのような誤った情報がすぐに拡散されることがあります。また、偽サイトによるフィッシング詐欺にあった

り、犯罪に巻き込まれたりする危険性もあります。

　情報社会で求められるのは、多くの情報の中から信頼できる情報を収集し、正しいかどうか判断するスキルです。社会の中にはさまざまな考え方があります。一つのことであっても、立場が変われば見方も変わるので、集めた情報をただ信じるのではなく、それが正しいか判断する必要があります。そして情報を利用する際には、適切な通信メディアを使い、情報を多角的に処理する力が求められます。さらに、情報を伝達するにあたり、他の人の個人情報や権利に気をつけ、人を傷つけるような情報や誤った情報を広めず、正しい情報を伝える責任を持つ態度も必要です。特にこのような態度は「情報モラル」と呼ばれます。以上のような「情報活用能力」は、これからの情報社会で不可欠な力とされています。

言葉リスト

◆次の言葉の読み方を書きなさい。わからない言葉の意味を調べましょう。

言葉	読み方	意味
情報		
伝える		
さまざまな		
方法		
文字		
太鼓		
旗		
合図		
口頭		
正確な		
発明する		
郵便		
制度		
手紙		
複雑な		
内容		
身近な		
配達する		
発展		
普及する		
収集		
処理		

伝達		
可能な		
IT 産業		
手段		
目的		
映像		
手軽な		
発信する		
一方的な		
双方向的な		
やり取り		
共有する		
誤る		
詐欺		
判断する		
立場		
見方		
必要な		
利用する		
適切な		
通信		
多角的な		
傷つける		
責任		
能力		

漢字言葉学習

1．次の漢字の読み方を書きなさい。

（1）情報 　（　　　　　　　　）　　（2）文字 　（　　　　　　　　）

（3）合図 　（　　　　　　　　）　　（4）発明する（　　　　　　　　）

（5）複雑な 　（　　　　　　　　）　　（6）身近な 　（　　　　　　　　）

（7）音声 　（　　　　　　　　）　　（8）携帯電話（　　　　　　　　）

（9）普及する（　　　　　　　　）　　（10）処理 　（　　　　　　　　）

（11）伝達 　（　　　　　　　　）　　（12）手段 　（　　　　　　　　）

（13）発信する（　　　　　　　　）　　（14）判断する（　　　　　　　　）

（15）立場 　（　　　　　　　　）　　（16）利用する（　　　　　　　　）

（17）適切な 　（　　　　　　　　）　　（18）通信 　（　　　　　　　　）

（19）責任 　（　　　　　　　　）　　（20）不可欠な（　　　　　　　　）

2．次は何の言葉を説明していますか。本文の中から見つけなさい。

（1）「簡単な」の反対 　　　　　　　　　　　（　　　　　　　　　　）

（2）情報を人に伝えること 　　　　　　　　　（　　　　　　　　　　）

（3）何かをするための方法 　　　　　　　　　（　　　　　　　　　　）

（4）いろいろな状況を考えて結論を出す 　　　（　　　　　　　　　　）

（5）ちょうどいい、正しい 　　　　　　　　　（　　　　　　　　　　）

文法学習

1. 名詞 ＋によって＋ 文

名詞1 ＋による＋ 名詞2

手段や方法を表す。「によって」は「で」よりも手段や方法を明確に表すために使われる。硬い表現。

（1）＿＿＿＿＿＿＿＿＿＿＿＿＿＿＿＿＿＿＿＿＿＿＿＿によってグループを決めます。

（2）話し合いによって＿＿＿＿＿＿＿＿＿＿＿＿＿＿＿＿＿＿＿＿＿＿＿＿＿＿＿

（3）＿＿＿＿＿＿＿＿＿＿＿＿＿＿＿＿＿＿＿＿＿＿＿＿＿＿＿＿＿＿＿＿＿＿＿

2. 名詞 ＋に応じて＋ 文

名詞1 ＋に応じた＋ 名詞2

「〜が変化するのに合わせて（〜も変化する）」という意味で、前のものに合わせて後ろのものも一緒に変化することを表す。

（1）参加する人数に応じて、＿＿＿＿＿＿＿＿＿＿＿＿＿＿＿＿＿＿＿＿＿＿＿＿

（2）＿＿＿＿＿＿＿＿＿＿に応じた＿＿＿＿＿＿＿＿＿が、人々の生活に影響を与えている。

（3）＿＿＿＿＿＿＿＿＿＿＿＿＿＿＿＿＿＿＿＿＿＿＿＿＿＿＿＿＿＿＿＿＿＿＿

3. 動詞（　　　　　　形）＋上で

「〜する場合は」「〜する過程で」という状況を表し、後ろには「〜が必要／大切だ」という文が来る。

（1）＿＿＿＿＿＿＿＿＿＿＿＿＿＿＿＿＿＿＿＿＿＿＿＿上で、日本語の力は必要だ。

（2）スピーチをする上で、＿＿＿＿＿＿＿＿＿＿＿＿＿＿＿＿＿＿＿なければいけない。

（3）＿＿＿＿＿＿＿＿＿＿＿＿＿＿＿＿＿＿＿＿＿＿＿＿＿＿＿＿＿＿＿＿＿＿＿

4. 文（普通体）＋反面

「～けれども」という意味で、1つのことについていい面と悪い面の2つの側面があることを表す。話し手が伝えたいこと、強調したいことを後ろの文に置く。

　　＊文が「ナ形容詞だ」で終わる時は、「～だ→～な／である」となり、「名詞だ」で終わる時は、
　　「～だ→～である」となる。

（1）携帯電話は便利な反面、＿＿＿＿＿＿＿＿＿＿＿＿＿＿＿＿＿＿＿＿＿＿＿＿＿＿＿＿

（2）日本は＿＿＿＿＿＿＿＿＿＿＿＿＿＿＿＿＿＿反面、物価も高くて生活は楽ではない。

（3）＿＿＿＿＿＿＿＿＿＿＿＿＿＿＿＿＿＿＿＿＿＿＿＿＿＿＿＿＿＿＿＿＿＿＿＿＿＿

5. 条件形（～ば）

仮定の条件を表す。後ろには希望、意志、命令、依頼の文は来ない。ただし前と後ろの文の主語が違う場合と条件形が状態を表す言葉（形容詞、名詞、「ある」「わかる」など）の場合は希望、意志、命令、依頼の文も使える。

＜条件形の作り方＞

動詞グループ1 ：「う」段を「え」段に変えて「ば」をつける。

　　　　　　　　　　例）書く（kaku）→書けば（kakeba）

動詞グループ2 ：「る」をとって「れば」をつける　例）食べる→食べれば

動詞グループ3 ：「する」→「すれば」、「来る」→「来れば」

ない形 ：「～ない」を「～なければ」に変える　例）食べない→食べなければ

イ形容詞 ：「～い」を「～ければ」に変える　例）おいしい→おいしければ

　　＊「名詞」「ナ形容詞」は「名詞／ナ形容詞＋なら」を使う。

辞書形	条件形	辞書形	条件形
話す		注意する	
使う		来る	
作る		読まない	
見る		小さい	
建てる		高くない	

（1）＿＿＿＿＿＿＿＿＿＿＿＿＿＿＿＿＿＿＿＿＿＿＿＿＿＿＿ば、すぐに調べられますよ。

（2）＿＿＿＿＿＿＿＿＿＿＿＿＿＿＿＿＿＿＿＿＿＿＿＿＿＿＿ば、先生に聞いてください。

（3）＿＿＿＿＿＿＿＿＿＿＿＿＿＿＿＿＿＿＿＿＿＿＿＿＿＿＿＿＿＿＿＿＿＿

💡 「ば」と「と」「たら」「なら」の違い

◇ 動詞（辞書形）＋と：自然現象や習慣、機械の操作などを表す場合に使われ、「と」の
　　　　　　　　　　　　前のできことが起こった結果、普通、後ろのできことが起こると
　　　　　　　　　　　　いう関係を表す。発見を表す用法もある。後ろには希望、意志、
　　　　　　　　　　　　命令、依頼の文は来ない。

例）角を（○）曲がると／（×）曲がれば、コンビニがあった。

　　困ったことが（○）あれば／（×）あると、いつでも相談してください。

◇ 動詞（た形）＋ら：後ろに希望、意志、命令、依頼の文も使える。

例）テストが（○）終わったら／（×）終われば、映画を見に行こう。

　　その本を（○）買ったら／（×）買えば、貸して。

◇ 動詞（辞書形）＋なら：①後ろに希望、意志、命令、依頼の文も使える。

　　　　　　　　　　　　　②後の文が前の文より先に起こったことを表すことがある。
　　　　　　　　　　　　　　この用法は「なら」にしかない。

例）フランスに（○）行くなら／（×）行けば、エッフェル塔に登ろう。

　　散歩に（○）行くなら／（×）行けば、財布を持って行こう。

---

6. 名詞 ＋の＋際に（は）

動詞（辞書形・た形）＋際に（は）

「〜する時に」という意味を表し、改まった場面で使われる。「〜際には」の場合、後ろに
は大切なことや必要な条件が来ることが多い。

（1）＿＿＿＿＿＿＿＿＿＿＿＿＿＿＿＿＿＿＿＿＿＿＿＿際には安全に十分お気をつけください。

（2）書類を出す際に、＿＿＿＿＿＿＿＿＿＿＿＿＿＿＿＿＿＿＿＿＿＿＿＿

（3）＿＿＿＿＿＿＿＿＿＿＿＿＿＿＿＿＿＿＿＿＿＿＿＿＿＿＿＿＿＿＿＿

内容理解

1．本文を読んで、正しい文に○、間違っている文に×を書きなさい。

（1）文字のない時代でも人々は道具を使って情報を伝えていました。（　　）

（2）ラジオはテレビに比べるといい点は少ないので、もうすぐなくなるでしょう。（　　）

（3）コンピューターの発明と同時にインターネットが発展しました。（　　）

（4）インターネットはマイナスの面が多いので、使わない方がいいです。（　　）

（5）テレビの普及によりソーシャル・ネットワーキング・サービスが広まりました。

（　　）

（6）インターネットを使うことで、犯罪に巻き込まれたりする危険性があります。（　　）

（7）フィッシング詐欺は電話で人をだます犯罪の一つです。（　　）

（8）情報モラルには、他人の権利を尊重する態度も含まれます。（　　）

2．本文を読んで、次の質問に答えなさい。

（1）昔の人は文字が発明されると、何に情報を残しましたか。

（2）手紙の長所と短所を書きなさい。

　　長所：

　　短所：

（3）電話の発明によってどんなことが可能になりましたか。

（4）「情報社会」とは、どのような社会のことを言いますか。本文から説明の部分を探し、
　　下線に書きなさい。

_____社会

（5）テレビとラジオはどんなところが違いますか。次の□に入る言葉を書きなさい。

ラジオは ① □□ しか伝えることができませんが、

テレビは ② □□ と ③ □□ を同時に伝えることができます。

（6）テレビとインターネットの違いは何ですか。本文から適切な部分を探し、下の文に当てはまるように答えなさい。

テレビは見ている人に ① □□□ に情報を伝えるだけだが、

インターネットは ② □□□□ なやりとりが可能である点が違う。

（7）インターネットのいい点と悪い点を書きなさい。

　　いい点：

　　悪い点：

（8）「情報社会」で必要な能力は何ですか。能力の名前とその内容を説明している部分を本文から３か所探し、抜き出して答えなさい。

必要な能力：＿＿＿＿＿＿＿＿＿＿＿能力

能力の内容の説明：

①＿＿＿＿＿＿＿＿＿＿＿＿＿＿＿＿＿＿＿＿＿＿＿＿＿＿＿＿＿＿＿＿＿＿＿＿スキル

②＿＿＿＿＿＿＿＿＿＿＿＿＿＿＿＿＿＿＿＿＿＿＿＿＿＿＿＿＿＿＿＿＿＿＿＿力

③＿＿＿＿＿＿＿＿＿＿＿＿＿＿＿＿＿＿＿＿＿＿＿＿＿＿＿＿＿＿＿＿＿＿＿＿態度

活動　　ディベート

活動のポイント

・「情報社会」に関するテーマについてデータを調べて、自分たちの意見をわかりやすくまとめる
・相手の意見を理解し、適切に質問したり、答えたりできるようにする
・「情報社会」に関するテーマについて、相手や聞いている人がわかりやすい話し方で発表する

活動の流れ

1. テーマについて賛成・反対の意見を書く（個人ワーク）

① ＜リサーチシートＡ＞に、自分の意見を書く

＊テーマ 1〜3 について、賛成・反対両方の意見を書く。

② 本やインターネットで自分の意見を裏付ける情報を調べる

③ ①で書いた自分の意見と情報を修正し、まとめる

2. 情報をまとめる・意見を書く（グループワーク）

① テーマごとに賛成派と反対派のグループを作り、＜リサーチシートＢ＞に名前を書く

② それぞれが事前に書いた意見をもとに各グループで話し合い、＜リサーチシートＣ＞にスピーチの要点と相手への質問をまとめる

＊「質疑応答」では、相手からどんな質問が来るか、その質問にどのように答えるかを考えておいてもよい。

③ グループの中で、「はじめのスピーチ」「質疑応答」「まとめのスピーチ」をだれが担当するのか決める

④ ＜ディベート発表シート＞をもとに、スピーチの原稿を書く

⑤ 先生にそれぞれの原稿をチェックしてもらう

⑥ 話す練習をする

3. ディベートをする・評価する

① ＜ディベートの手順＞の順番でディベートをする

② 質疑応答では、相手のスピーチを聞いて質問をする

＊ 事前に準備した質問でも、「はじめのスピーチ」を聞いてその場で考えた質問でもよい。

③ 聞いている人は、評価表に点数をつける

④ 最後に聞いている人からの評価表の点数を合計して、点数の高いグループが勝ち

＜リサーチシートＡ＞

テーマ１：学校でのスマートフォンの使用は禁止（きんし）した方がいい。

賛成（さんせい）意見（理由）	反対意見（理由）

テーマ２：インターネットショッピングの方が店に買い物に行くよりも便利（べんり）だ。

賛成（さんせい）意見（理由）	反対意見（理由）

テーマ３：インターネットの普及（ふきゅう）で人々のコミュニケーションは前よりも活発になった。

賛成（さんせい）意見（理由）	反対意見（理由）

<リサーチシート B ＞

テーマ1	賛成派	反対派
テーマ2	賛成派	反対派
テーマ3	賛成派	反対派

<リサーチシート C ＞

「はじめのスピーチの要点」

「相手への質問」

「まとめのスピーチの要点」

ディベートの手順

（1）賛成派のはじめのスピーチ：賛成派が発表する（2分）

（2）反対派のはじめのスピーチ：反対派が発表する（2分）

（3）作戦タイム：相手のグループにどんなことを聞くか考える（1分）

（4）質疑応答：お互いに質問をして答える（4分）

（5）作戦タイム：質疑応答を終えて、まとめのスピーチを考える（1分）

（6）賛成派のまとめのスピーチ：賛成派が意見をまとめて発表する（2分）

（7）反対派のまとめのスピーチ：反対派が意見をまとめて発表する（2分）

＜ディベート発表シート＞

　下の文は「情報社会」のディベートで意見を述べるための基本的な作文の構成です。

＜リサーチシートＣ＞を見ながら、下線部に言葉を入れなさい。その後、作文用紙に全部書き写しましょう。自分で作文が書ける人は、自分で内容をまとめて、作文を書いてもいいです。

ディベートサンプルフォーム

は じ め の ス ピ ー チ	私たちは＿＿＿＿＿＿＿＿＿＿＿＿というテーマについて＿＿＿＿＿です。 　　　　　　　（テーマ）　　　　　　　　　　（賛成か反対か） 理由は＿＿＿＿つあります。 　　　（いくつ） 　　第一に、＿＿＿＿＿＿＿＿＿＿＿＿＿＿＿＿＿です。 　　　　　　　　　　　　（理由①） ＿＿＿＿＿＿＿＿＿＿＿＿＿＿＿＿＿＿＿＿＿＿＿。 　　　　　　　　　（理由①の説明） 　　第二に、＿＿＿＿＿＿＿＿＿＿＿＿＿＿＿＿＿です。 　　　　　　　　　　　　（理由②） ＿＿＿＿＿＿＿＿＿＿＿＿＿＿＿＿＿＿＿＿＿＿＿。 　　　　　　　　　（理由②の説明） 以上のことから、私たちは、＿＿＿＿＿＿＿＿＿＿と主張します。 　　　　　　　　　　　　　　　　（意見） 以上です。
質 疑 応 答	○○派：先ほど、△△派の人は＿＿＿＿＿＿＿＿＿と言っていましたが、 　　　　　　　（△△派の「はじめのスピーチ」の内容） 　　私たち○○派は＿＿＿＿＿＿＿＿＿＿＿＿＿＿と思います。 　　　　　　　　　　（○○派の意見） 　　この点について、△△派は、どのように考えますか。 △△派：＿＿＿＿＿＿＿＿＿＿＿＿＿＿について、私たち△△派は 　　　　　　（質問された内容） ＿＿＿＿＿＿＿＿＿＿＿＿＿＿＿＿＿＿＿と考えます。 　　　　　（質問への答え）

まとめのスピーチ	【「まとめのスピーチ」は「質疑応答」の内容もふまえて発表する。】 　以上をまとめると、＿＿＿＿＿＿＿＿＿＿＿＿＿＿＿＿＿＿＿＿＿。 　　　　　　　　　　　　　　　　　　（内容のまとめ） ＿＿＿＿＿＿＿＿＿＿＿＿＿＿＿＿＿＿＿＿＿＿＿と主張します。 　　　　　　　　（意見）

1. ディベートで話す内容を作文用紙に 400 字〜 600 字くらいでまとめましょう。
   また質疑応答でどんな質問をするのか、考えておきましょう。
   作文の提出日は、＿＿＿＿＿月＿＿＿＿＿日（＿＿＿＿＿）です。
2. ディベートをする日は、＿＿＿＿＿月＿＿＿＿＿日（＿＿＿＿＿）です。

18

おすすめの文法・表現例

●意見を言う・主張する

・〜と思います　　・〜と主張します　　・〜ことが大切です

●情報を言う

・〜によると、〜というデータがあります　　・〜の結果、〜ということがわかります

●理由を言う

・理由は〜つあります　　・第一に、第二に、第三に　　・〜だったそうです

●内容・意見をまとめる

・だから〜　　・つまり〜　　・以上をまとめると、〜　　・これらの結果から〜

ディベート例

はじめのスピーチ	**「賛成派のはじめのスピーチ」に続けて「反対派のはじめのスピーチ」** 反対派：私たちは「テレビは人々に悪い影響を与える」というテーマについて反対です。理由は2つあります。第一に、テレビは世界や社会の情報を伝える大切なツールです。世界の問題が起こった時にニュースを見るとすぐに新しい情報を得ることができます。テレビがないと、時事問題をすぐに知ることができなくなります。実際に、2021年にCCCマーケティング総合研究所が行なった調査から、65.2％の人がテレビでニュースをよく見ると回答しています。 第二に、勉強の役に立つ番組がたくさんあります。例えば、教育番組です。中国語やフランス語、スペイン語などの語学の勉強をしたり、高校の数学や理科について解説してくれたりする番組もあります。先ほどの調査結果からも14.2％の人が教養・趣味の番組を見ていると答えています。以上のことから、テレビは悪影響があるというのは、ドラマなどのある一部の場面によるもので、全体的に考えると、ニュースや教育番組といった、時事情報や知識を提供してくれる番組もあるので、私たちはテレビが悪い影響を与えるとは考えません。
質疑応答	反対派：先ほど、賛成派の人はテレビを見る時間が長いので、勉強する時間が削られていると言っていましたが、私たち反対派は、見ている番組がニュースや教育番組であれば、それは勉強につながるので問題はないと思います。賛成派は、多く見られている番組がニュースや教育番組であっても、悪影響があると考えますか。

質疑応答	賛成派：ニュースや教育番組は知識を与えてくれるので、そのすべてが悪いとは思いませんが、実際に起こったニュースの報道内容に影響を受けて、ネガティブな気持ちになることも問題になっています。また、テレビを長く見ることで家族とのコミュニケーションが少なくなったりすることもあるので、もっと会話をして、社会性を育てる機会を持つことが大切だと考えています。
まとめのスピーチ	反対派：賛成派の言うように、テレビを見ることで家族間の会話が少なくなることもあるかもしれませんが、逆にテレビ番組の話題について家族や友達の間で話す機会が増えることもあると思います。また、ニュースの内容に影響を受けることもあるかもしれませんが、自分がどのようなニュースに、どのくらいの時間触れるとネガティブな気持ちになるのかなど、ニュースとの付き合い方を知っておく必要もあると思います。以上をまとめると、私たちはテレビ自体が悪いのではなく、それを見る側の問題だと考えます。一部の番組が人々に悪い影響を与えるからといって禁止にするのではなく、いいところもたくさんあるのだから、見る時間や見る番組のルールを決めて利用すれば、テレビが与えるメリットはデメリットを上回ると主張します。

トピック

2

日本の歴史

日本の歴史の大きな流れを学びます。それぞれ
の時代の特徴や人物、文化について学びましょう。
歴史上の人物について調べて、その時代とその
人物の生き方について理解を深めましょう。

はじめに

1．【A】～【H】は、⬚の①～⑧について述べています。ヒント1～3をもとに考え、何について述べているか①～⑧から選びましょう。

> ①聖徳太子　②金閣寺　③紫式部　④ペリー
> ⑤大阪城　⑥縄文土器　⑦織田信長　⑧源 頼朝

【A】
ヒント1：安土桃山時代に建てられた。
ヒント2：豊臣秀吉が初めて築いた。
ヒント3：大阪にある。

【B】
ヒント1：平安時代に活躍した。
ヒント2：女性の作家。
ヒント3：『源氏物語』を書いた。

【C】
ヒント1：室町時代に建てられた。
ヒント2：正式な名前は「鹿苑寺」と言う。
ヒント3：京都にある。

【D】
ヒント1：今から約1万3000年前から
　　　　約2300年前の時代に作られたと
　　　　考えられている。
ヒント2：水や食べ物など保存する道具。
ヒント3：土で作られている。

【E】
ヒント1：武士で、政治家。
ヒント2：尾張（現在の愛知県）で生まれた。
ヒント3：鎌倉幕府を開いた。

【F】
ヒント1：江戸時代に日本に来航した。
ヒント2：1854年、日米和親条約に調印した。
ヒント3：アメリカ人。

【G】
ヒント1：戦国・安土桃山時代の武将。
ヒント2：尾張を中心に活躍した。
ヒント3：京都の本能寺で亡くなった。

【H】
ヒント1：飛鳥時代の政治家。
ヒント2：推古天皇のもと政治を行った。
ヒント3：日本で最初の憲法である十七条憲法
　　　　を制定した。

2．上の①～⑧を時代の古い順番に並べましょう。

（　　　）→（　　　）→（　　　）→（　　　）→（　　　）→
（　　　）→（　　　）→（　　　）

リスニング

◆リスニング用のスクリプトがあります。(p.225)

「日本の歴史＜リスニング用＞」を聞いて、質問に答えましょう。

＜1回目＞

1．正しい文に○、間違っている文に×を書きましょう。

（1）数千万年ほど前、日本は大きな大陸の一部でした。 （　　　　　）

（2）弥生時代の人々は自分たちで米の作り方を考え出しました。 （　　　　　）

（3）豪族だけが狩りをしていました。 （　　　　　）

（4）6世紀ごろの日本は外国との交流がありませんでした。 （　　　　　）

（5）平安時代に貴族の文化が発展しました。 （　　　　　）

＜2回目＞

2．もう一度聞いて、次の（　　　　　）に入る言葉を書き入れなさい。

　　今から数千万年ほど前、日本はユーラシア大陸とつながっていました。しかし、地球の気候が暖かくなり、（①　　　　　　　　）が溶けて海の表面が上がったこと、そして火山活動や（②　　　　　　　　）などでプレートが動いたことで、今のような日本列島の形になりました。

　　1万3000年ほど前の（③　　　　　　　　）時代には、日本列島に住んでいた人々は狩りをしたり、木の実を採ったりして生活をしていました。紀元前4世紀ごろには大陸から米作りの方法が伝わり、米を作って食べるようになりました。この時代を（④　　　　　　　　）時代と言います。その後、古墳時代になると、富と権力を持つ豪族が現れ、大王を中心とした政治が行われました。6世紀には大陸から（⑤　　　　　　　　）が伝わり、日本各地に広まっていきました。

　　飛鳥時代には、遣隋使を今の中国に送り、新しい文化を取り入れました。奈良時代は仏教の文化が栄え、寺や大仏が造られました。その後、（⑥　　　　　　　　）時代が400年ほど続き、（⑦　　　　　　　　）の文化が栄えました。しかし、12世紀になると（⑧　　　　　　　　）の力が強くなり、鎌倉に幕府が開かれ、武士が政治の中心となる鎌倉時代が始まり、その後、（⑨　　　　　　　　）時代へと移ります。

　　そして、安土桃山時代、（⑩　　　　　　　　）時代、明治時代には、西洋との交流を持つようになり、現代へとつながります。日本の歴史を振り返ると、外国との交流を通し、日本の文化を発展させてきたことがわかります。

＊音声は https://www.3anet.co.jp/np/books/3936/ で聞いてください。

本文

　今から数千万年ほど前、日本列島はユーラシア大陸とつながっていました。その後、地球の気候が暖かくなったことで氷が溶けて海面が上昇したり、火山活動や地震などでプレートが動いたりしたため、2000万年ほど前に大陸から離れ、長い年月を経て、今のような日本列島の形になりました。1万3000年ほど前の日本列島に住んでいた人々は狩りをしたり、木の実を採ったりして生活をしていました。そして、水や食料を入れる土器や狩りに使う弓矢も作っていました。この時代を縄文時代と言います。紀元前4世紀ごろ、大陸から稲作が伝わり、米作りが始まりました。3世紀には日本は小さな国に分かれ、争いが続きましたが、邪馬台国の卑弥呼が女王になり、争いは収まっていきました。この時代を弥生時代と言います。

　その後、3世紀後半から徐々に富と権力を持つ豪族が現れ、大王を中心とした政治が行われるようになりました。6世紀ごろには大陸から日本に仏教が伝わりました。7世紀ごろにかけて、権力者を埋葬するための前方後円墳のような古墳が多く造られました。この時代を古墳時代と呼びます。そして、古墳時代の終わりに重なるように、飛鳥時代が始まります。593年に聖徳太子が摂政となり、天皇を中心とする政治を行いました。この時代に隋という国に遣隋使を送り、大陸の新しい文化をたくさん取り入れました。その後、710年に平城京に都が移され、奈良時代が始まります。そして、寺や大仏が造られ、仏教が広まりました。この時代の有名な書物は『古事記』『日本書紀』『万葉集』です。これらの書物には日本語の音に大陸から伝わった［　A　］を当てはめた万葉仮名が使われています。

　794年に京都の平安京に都が移され、平安時代が始まります。この時代に貴族が権力を持ち、貴族の文化が栄えました。このころ［　A　］をもとにして作られた［　B　］を使った文学が書かれました。代表的な作品に紫式部の『源氏物語』や清少納言の『枕草子』、紀貫之の『土佐日記』があります。

　その後、貴族の力が弱まって、少しずつ武士の力が強くなっていきました。そうして、12世紀の終わりごろ源頼朝が鎌倉幕府を開き、武士が政治を行う時代が始まりました。次の室町時代には金閣寺が造られ、京都を中心に茶道や華道などの現代につながる伝統文

化が生まれました。室町時代の終わりには、戦国大名が力をのばし、領土をめぐって争う世の中となりました。

　このころ世界は大航海時代です。1519年マゼランが率いた艦隊が初めて世界一周を成功させたのをきっかけに、ポルトガルやスペインなどのヨーロッパの国が世界へ進出していきます。1543年、ポルトガル人が日本の種子島に鉄砲を伝え、1549年にはフランシスコ・ザビエルによってキリスト教が伝えられました。その後、時代は安土桃山時代へと移り、織田信長が日本を統一しようとしましたが、あと一歩というところで実現しませんでした。そして、そのあとを引き継いだ豊臣秀吉が初めて日本を統一しました。

　秀吉の死後、徳川家康が戦いに勝ち、江戸幕府を開き、江戸時代が始まりました。江戸幕府は、中国、朝鮮、オランダ以外の国との貿易を制限し、キリスト教も禁止しました。そして、歌舞伎や浮世絵といった日本独自の文化が一般の人々の間に広まりました。松尾芭蕉によって俳諧（のちの俳句）の芸術性が高められたのもこのころです。そして、1853年にアメリカからペリーが黒船で浦賀に来航し、日本に開国を求め、日米間で条約が結ばれました。これをきっかけに、国内で江戸幕府を倒す運動が起こり、1868年に約260年間続いた江戸時代は終わりを迎えました。

　明治時代になると、夏目漱石や森鴎外といった人たちがイギリスやドイツなどのヨーロッパへ行きます。西洋の文化を自らの目で見て、それぞれの地で体験したことを日本へ伝えました。日本は西洋の文化の影響を大きく受け、衣服や食生活、乗り物などの新しい文化、さらに郵便や政治などのさまざまな制度を取り入れ、近代化への道を歩むこととなります。このことを文明開化と言います。その後も、日本は外国との交流を通し、いろいろな分野で発展を続けていくことになります。

言葉リスト

◆次の言葉の読み方を書きなさい。わからない言葉の意味を調べましょう。

言葉	読み方	意味
列島		
気候		
海面		
上昇する		
火山		
狩り		
土器		
弓矢		
争い		
権力		
豪族		
仏教		
古墳		
政治		
隋		
遣隋使		
都		
大仏		
書物		
貴族		
武士		
幕府		

伝統		
大名		
領土		
航海		
鉄砲		
キリスト教		
統一する		
実現する		
引き継ぐ		
貿易		
制限する		
独自		
開国		
迎える		
体験する		
影響		
近代化		

2

漢字言葉学習

１．次の漢字の読み方を書きなさい。

（1）列島　　（　　　　　　　　）　　（2）大陸　　（　　　　　　　　）

（3）気候　　（　　　　　　　　）　　（4）土器　　（　　　　　　　　）

（5）時代　　（　　　　　　　　）　　（6）争い　　（　　　　　　　　）

（7）行う　　（　　　　　　　　）　　（8）政治　　（　　　　　　　　）

（9）都　　　（　　　　　　　　）　　（10）貴族　（　　　　　　　　）

（11）文学　（　　　　　　　　）　　（12）武士　（　　　　　　　　）

（13）幕府　（　　　　　　　　）　　（14）茶道　（　　　　　　　　）

（15）伝統　（　　　　　　　　）　　（16）大名　（　　　　　　　　）

（17）鉄砲　（　　　　　　　　）　　（18）統一する　（　　　　　　　）

（19）貿易　（　　　　　　　　）　　（20）自ら　（　　　　　　　　）

２．次は何の言葉を説明していますか。本文の中から見つけなさい。

（1）国を治めること。領土や国民の生活を守るために、対策をとること

（　　　　　　　　）

（2）武術を身につけ、戦などで戦う人。さむらい　（　　　　　　　　）

（3）茶道や華道のような昔から続いている文化　（　　　　　　　　）

（4）いくつかのものを一つにまとめる　（　　　　　　　　）

（5）ヨーロッパやアメリカなどの国や地域をまとめて表す漢字の言葉

（　　　　　　　　）

文法学習

1. 文（普通体）＋ため

前の部分で理由や原因を言い、後ろの部分で結果を言う。「〜ので」や「〜から」よりも硬い表現。

> ＊文が「ナ形容詞だ」で終わる時は、「〜だ→〜な／である」となり、「名詞だ」で終わる時は、
> 「〜だ→〜の／である」となる。

（１）大雨のため_____．

（２）_____ため、気をつけて渡ってください。

（３）_____

2. （名詞１＋から）名詞２＋にかけて

名詞には時間・場所を表す言葉が入り、「名詞１から名詞２まで」の範囲を表し、後ろにはその間、同じ状態がずっと続く様子を表す表現が来る。

（１）大阪から京都にかけて_____

（２）_____から_____にかけて_____が発展した。

（３）_____

3. 名詞＋をめぐって

「〜について」「〜に関して」という意味。後ろには「議論する、議論を交わす、争う」などの動詞が来る。

（１）_____をめぐって議論が交わされた。

（２）試合の判定をめぐって、_____

（３）_____

4. 動詞（ 形）＋とする

「あることが起こる直前の状態」を表す。また、「飛ぶ」「挑戦する」などの意志動詞が使われる場合は「あることをしようと思ってそのことをする直前の状態」の意味に加え、「～するために努力したり、試したりする」意味を表す場合もある。

（1）＿＿＿＿＿＿＿＿＿＿＿＿＿＿＿＿＿＿＿＿＿＿＿としたら、電話がかかってきました。

（2）新しい時代が＿＿＿＿＿＿＿＿＿＿＿＿＿＿＿＿＿＿＿としています。

（3）＿＿＿＿＿＿＿＿＿＿＿＿＿＿＿＿＿＿＿＿＿＿＿＿＿＿＿＿＿＿＿

5. 動詞（辞書形）＋というところで

名詞＋というところで

「もうすぐ～するところで」という意味で、ある動作が完了する直前の様子を表す。後ろには「そうならなかった」という内容の文が来る。

（1）＿＿＿＿＿＿＿＿＿＿＿＿＿＿＿＿＿＿＿というところで、あきらめてしまった。

（2）＿＿＿＿＿＿＿＿＿＿＿＿＿＿＿＿＿というところで、扉が閉まってしまった。

（3）＿＿＿＿＿＿＿＿＿＿＿＿＿＿＿＿＿＿＿＿＿＿＿＿＿＿＿＿＿＿＿

6. 名詞１＋や＋名詞２＋といった＋名詞３

名詞３の例として名詞１や名詞２などいくつかを例に挙げる時に使う。

（1）＿＿＿＿＿＿＿＿＿＿＿＿＿＿＿＿＿＿といった外国の言葉が日本に入ってきた。

（2）忍者や侍＿＿＿＿＿＿＿＿＿＿＿＿＿＿＿＿＿＿＿＿＿＿＿＿＿＿＿

（3）＿＿＿＿＿＿＿＿＿＿＿＿＿＿＿＿＿＿＿＿＿＿＿＿＿＿＿＿＿＿＿

💡 **「という」と「といった」の違い**

「といった」と「という」は形が似ていますが、意味は違います。

◇ 名詞１＋という＋名詞２：名詞１は名詞２の具体的な名前を言う。

例）『ハリーポッター』という映画を見ましたか。

◇ 名詞１＋や＋名詞２＋といった＋名詞３：名詞３の例をいくつか紹介する。

例）『人魚姫』や『裸の王様』といったアンデルセンの童話を読んだことがありますか。

内容理解

1．本文を読んで、正しい文に○、間違っている文に×を書きなさい。

（1）縄文時代の人々は動物や木の実を食べていました。 （　　）

（2）弥生時代に前方後円墳がたくさん作られました。 （　　）

（3）聖徳太子は平安時代の政治家です。 （　　）

（4）室町時代に、茶道や華道が中国から日本に伝わりました。 （　　）

（5）安土桃山時代の終わりに、鉄砲が日本に伝わりました。 （　　）

（6）日本を初めて統一したのは豊臣秀吉です。 （　　）

（7）江戸時代に外国との貿易はすべて禁止されました。 （　　）

（8）明治時代まで日本はヨーロッパの国と交流をしたことがありませんでした。 （　　）

2．本文を読んで、次の質問に答えなさい。

（1）本文を読んで、次のできごとを古いものから順番に番号を書きなさい。

　　①日本が統一された。　　　②ペリーが日本に来た。
　　③鉄砲が伝わった。　　　　④遣隋使を送った。
　　⑤平安京に都がおかれた。　⑥米作りが始まった。
　　⑦鎌倉幕府が開かれた。　　⑧キリスト教が伝わった。
　　⑨狩りをしたり木の実を　　⑩イギリスやドイツなどから新しい
　　　採ったりしていた。　　　　文化や制度を取り入れた。

　　（　　）→（　　）→（　　）→（　　）→（　　）→

　　（　　）→（　　）→（　　）→（　　）→（　　）

（2）下の（ア）〜（ウ）の絵は何を表していますか。本文の中から言葉を探しなさい。

　　（ア）　　　　　　　　（イ）　　　　　　　　（ウ）

（3）[A][B]に入る文字の種類は何ですか。

[A]　　　　　　　　　　　　　[B]

（4）日本は、江戸時代にどの国と貿易をしていましたか。下から適切なものを選びなさい。

（ア）ドイツ　　　　（イ）スペイン　　　　（ウ）ポルトガル　　　　（エ）オランダ

（5）「文明開化」の説明に最も適切なものを選びなさい。

（ア）ペリーが黒船で浦賀に来航したこと

（イ）江戸時代、日本の知識人がヨーロッパへ行ったこと

（ウ）西洋の文化の影響を受けて、新しい文化や制度を取り入れたこと

（エ）江戸幕府を倒す運動が起こったこと

（6）下の年表について、時代の名前を（a）～（k）に書きなさい。また、①～⑳に入る
言葉を下の□の中から選んで、書きなさい。

弓矢	貴族	西洋	米作り	清少納言	徳川家康	茶道・華道
鉄砲	古墳	土器	金閣寺	松尾芭蕉	聖徳太子	キリスト教
仏教	武士	ペリー	卑弥呼	豊臣秀吉	フランシスコ・ザビエル	

時代	できごと
（a）　　　　時代 約1万3000年前～ 約2300年前	（①　　　　　　　）を作って狩りをしたり、（②　　　　　　　） を作って食料を保存したりしていた
（b）　　　　時代 紀元前約4世紀～ 3世紀ごろ	（③　　　　　　　）が始まった 3世紀ごろに（④　　　　　　　）が邪馬台国を治めた
（c）　　　　時代 3世紀～7世紀ごろ	権力者を埋葬するための（⑤　　　　　　　）が造られた 6世紀ごろ、（⑥　　　　　　　）が伝えられた
（d）　　　　時代 592年～710年	593年、（⑦　　　　　　　）が摂政になった 607年、（　⑦　）が法隆寺を建てた 607年、遣隋使を隋に送った 大化の改新が起きた

（ e ）　　　時代 710 年～ 794 年	710 年、平城京に都を移した 寺が各地に造られた 『古事記』『日本書紀』『万葉集』といった書物が書かれた
（ f ）　　　時代 794 年～ 1185 年	794 年、平安京に都を移した （⑧　　　　　　　　　　）の文化が栄えた 紫 式部が『源氏物語』を書いた （⑨　　　　　　　　　　　　）が『枕草子』を書いた 紀貫之が『土佐日記』を書いた 源氏と平家の戦いが起こった
（ g ）　　　時代 1185 年～ 1333 年	源 頼朝が鎌倉幕府を開いた （⑩　　　　　　　　　）が政治をした
（ h ）　　　時代 1336 年～ 1573 年	（⑪　　　　　　　　　　）が建てられた （⑫　　　　　　　　　　　　　　）などの文化が生まれた 1543 年、日本に（⑬　　　　　　　　　）が伝えられた 1549 年、日本に（⑭　　　　　　　　　　　　　　　　）が来て （⑮　　　　　　　　　　）を広めた
（ i ）　　　時代 1573 年～ 1603 年	1590 年、織田信長のあとを引き継いで、（⑯　　　　　　　　　　　　　） が日本を統一した 太閤検地や刀狩りが行われた
（ j ）　　　時代 1603 年～ 1868 年	1603 年（⑰　　　　　　　　　　　　　）が江戸幕府を開いた （　⑮　　）が禁止された 中国、朝鮮、オランダ以外の外国との貿易が制限された （⑱　　　　　　　　　　　　）が俳諧の芸術性を高めた （⑲　　　　　　　　　）がアメリカから来て開国を求めた 1858 年、日本とアメリカとの間で日米修好通商条約が結ばれた
（ k ）　　　時代 1868 年～ 1912 年	明治維新が起きた （⑳　　　　　　　　　　）の文化が日本に広まった 1871 年、廃藩置県が行われた 1871 年、郵便制度が始まった 1872 年、鉄道が開業した 1890 年、初めての衆議院議員選挙が行われた

（注）時代区分の仕方には諸説あります。

活動　｜　リサーチ・パワーポイント発表

活動のポイント

- 歴史上の人物について詳しく調べる
- 必要な情報をまとめて、PPT（パワーポイント）を作る
- PPT を使って発表する

活動の流れ

1．歴史上の人物について調べる

① 世界史や日本史の教科書、資料集を見て、興味のある歴史上の人物を探す

② 本やインターネットで、その歴史上の人物について調べ、＜リサーチシート＞にまとめる

③ 発表の時に使う写真や絵などを集めて、パソコンに保存しておく

2．作文を書く・PPT の準備をする

① ＜リサーチシート＞をもとに、発表の作文を作る

② 先生にチェックしてもらう

③ もう一度作文を書き直す

④ PPT のスライドを作る

＊スライドは全部で 5 ～ 10 枚くらいです。

＊写真や絵などを入れて、わかりやすいスライドを作りましょう。

＊話す内容を全部 PPT のスライドにのせないで、大切なキーワードだけ書くようにしましょう。

⑤ PPT を使って話す練習をする

＊スライドを示しながら説明できるように練習しましょう。

3．PPT を使って発表をする

① PPT を使って発表をする

＊話す時はスライドやメモを見ないで、聞いている人を見ましょう。

＊ビデオに録画しておいて、後で見ると、自分の発表のいいところ悪いところがよくわかります。

② 聞いている人は、発表を聞いてメモをとる

＊発表後、教師または発表者が、聞いている人に内容に関するクイズを出し、要点の確認をする。

聞いている人はコメント・評価をつける。

<リサーチシート>

◆教科書で興味のある人を探して、その人について詳しく調べましょう。

①調べた人の名前	
②いつの時代の人ですか 　いつ生まれましたか 　いつ亡くなりましたか 　何歳でしたか	
③どこで生まれましたか	
④関係が深い人（家族、交友、 　主従関係など）はだれですか	
⑤仕事は何ですか	
⑥この人は、何をしましたか 　有名なできごと、作品などは 　ありますか	
⑦あなたはなぜこの人に興味を 　持ちましたか。この人のどんな 　ところがすごいと思いますか	
⑧その他、気づいたこと 　感想など	

<リサーチ・パワーポイント発表シート>

　下の文は「歴史上の人物」について発表するための基本的な作文の構成です。＜リサーチシート＞を見ながら、下線部に言葉を入れなさい。その後、作文用紙に全部書き写しましょう。自分で作文が書ける人は、調べた内容を自分でまとめて、作文を書いてもいいです。

2

リサーチ・パワーポイント発表サンプルフォーム

は じ め に	この写真を見てください。この人は＿＿＿＿＿＿＿です。 　　　　　　　　　　　　　　　　（名前） ＿＿＿＿＿＿は＿＿＿＿＿＿時代の＿＿＿＿＿＿＿＿＿＿＿です。 （名前）　　　　（時代）　　　　　　（職業・立場） ＿＿＿＿＿＿＿として＿＿＿＿＿＿＿＿＿＿＿＿＿＿ました。 （職業・立場）　　　　　　　　（したこと） では、＿＿＿＿＿＿について紹介したいと思います。 　　　　（名前）
な　か	＿＿＿＿＿＿は、＿＿＿＿年に＿＿＿＿＿＿＿で生まれました。 　（名前）　　　　（生まれた年）　　（生まれた場所） 家族は＿＿＿＿＿＿です。＿＿＿＿＿＿は小さい時から＿＿＿＿＿。 （家族の職業）　　　　　（名前）　　　　（小さい時のできごとなど） ＿＿＿＿＿＿は、＿＿＿＿＿＿＿＿＿＿＿＿＿＿＿＿＿＿＿。 （生きた時代）　　　　　　（時代の説明） ＿＿＿＿年、＿＿＿＿＿＿＿＿＿＿＿＿＿＿＿＿＿＿＿。 （何かがあった年）　　　　（できごと） ＿＿＿＿＿年には＿＿＿＿＿＿＿＿＿＿＿＿＿＿＿＿＿。 （何かがあった年）　　　　　（できごと） この写真は＿＿＿＿＿＿＿＿＿＿＿＿＿＿＿＿＿です。 　　　　　　　（写真の説明） ＿＿＿＿＿＿＿を通して＿＿＿＿＿＿＿＿＿ことができます。 （写真の作品、できごと）　　　　（感想） 今でも＿＿＿＿＿＿は＿＿＿＿＿＿＿＿＿＿＿＿＿＿。 （できごと・作品の説明）　　　（評価） ＿＿＿＿＿＿は＿＿＿歳で亡くなります。 （名前）　　（亡くなった歳）

36

おわり	私は＿＿＿＿＿＿＿を＿＿＿＿＿＿＿＿＿＿＿＿＿＿＿＿＿＿＿＿＿。 （名前）　　　　　　　　　　　　　　　（感想） ＿＿＿＿＿＿＿＿＿＿＿＿＿＿を通して＿＿＿＿＿＿＿＿＿＿＿考えさせられます。 （作品やできごとなど）　　　　　　　（感想） 今日は＿＿＿＿＿＿＿について紹介しました。 （名前） ぜひ機会があれば＿＿＿＿＿＿＿＿＿＿＿＿＿＿＿＿＿＿＿＿＿＿てください。 （おすすめのこと）

1．調べた内容をもとに、発表する内容を 400 〜 600 字くらいの作文にまとめましょう。
2．作文の提出日は、＿＿＿＿＿月＿＿＿＿＿日（＿＿＿＿＿）です。
　　発表は＿＿＿＿＿月＿＿＿＿＿日（＿＿＿＿＿）です。

おすすめの文法・表現例

●紹介する
・〜について紹介したいと思います　　　　・この人は〜として有名です
●情報を言う
・〜年、〜ました　　　　　　　　　　　　・〜を通して〜
・〜時代は、〜でした　　　　　　　　　　・〜ことができます
●感想をまとめる
・〜について考えさせられます　　　　　　・〜を与えてくれます

リサーチ・パワーポイント発表作文例

はじめに	この写真を見てください。この人は紫式部です。紫式部は平安時代中期の作家です。『源氏物語』の作者として有名です。では、紫式部について紹介したいと思います。
なか	紫式部が生まれた年ははっきりわかっていません。父親は有名な学者で詩人の藤原為時です。紫式部は小さい時から父親から漢文などの学問を教えてもらい、深い学問の知識と高い教養を身につけました。 　998年ごろ、紫式部は藤原宣孝と結婚し、その後娘が一人生まれます。ところが、1001年には宣孝が亡くなります。そこで、紫式部は才能を見込まれて、藤原道長の娘である中宮彰子の家庭教師として学問や歌を教えることになります。この時に貴族の生活などを見たことをもとに、『源氏物語』を書きました。これが『源氏物語』の本です。この本はひらがなで書かれています。『源氏物語』を通して貴族の恋愛や政治、文化を知ることができます。『源氏物語』が書かれてから1000年ほど経っていますが、今でも多くの人々に楽しんで読まれています。映画やマンガ、アニメにもなっています。さらに日本だけでなく世界の国の言語にも翻訳されて読まれています。紫式部は40歳ぐらいで亡くなったと言われていますが、彼女が書いた作品は1000年経った今でも生き続けています。
おわり	私は紫式部を尊敬します。今から1000年前に書いたのに、今でも『源氏物語』は人気があります。この物語を通して、女性の生き方について考えさせられます。それは今の時代にも通じるところがあり、時代を超えて感動を与えてくれます。今日は紫式部について紹介しました。ぜひ機会があれば『源氏物語』も読んでみてください。

トピック

3

<ruby>小<rt>こ</rt></ruby><ruby>泉<rt>いずみ</rt></ruby><ruby>八<rt>や</rt></ruby><ruby>雲<rt>くも</rt></ruby>

小泉八雲は明治時代に活躍した作家です。言葉も習慣も違う国で人生を送った彼の生き方とその時代背景を学びます。歴史上の人物に注目し、その時代について深く考えてみましょう。

はじめに

◆下の表は日本の代表的な歴史書や文学作品、翻訳文学作品のリストです。
表の①〜⑫に入る適切な言葉を（a）〜（l）から選びましょう。

（a）松尾芭蕉	（b）古事記	（c）夏目漱石	（d）清少納言
（e）八十日間世界一周	（f）古今和歌集	（g）浦島太郎	（h）竹取物語
（i）シェイクスピア	（j）万葉集	（k）源氏物語	（l）森鴎外

時代	作品名	説明
奈良時代	（①　　　　　）	世界の始まりからの伝説と国家の形成の歴史を描いた最も古い歴史書
	日本書紀	神々の時代から持統天皇の時代までを描いた歴史書
	（②　　　　　）	日本の最も古い和歌集で、万葉仮名で書かれている さまざまな身分の人の和歌がまとめられている
平安時代	（③　　　　　）	「かぐや姫」「竹取の翁」とも言われる。作者はわからない
	（④　　　　　）	醍醐天皇の命令でまとめられた和歌集。紀貫之らが編集
	土佐日記	紀貫之が書いた日記文学 女性のふりをしてひらがなで書いた作品
	枕草子	（⑤　　　　　）によって書かれた随筆
	（⑥　　　　　）	紫式部によって書かれた長編小説
鎌倉時代	新古今和歌集	後鳥羽上皇の命令でまとめられた和歌集 藤原定家らが編集
	平家物語	琵琶法師によって語られた源氏と平家の戦いを描いた軍記物語
	方丈記	鴨長明によって書かれた随筆
	徒然草	吉田兼好によって書かれた随筆

室町時代	御伽草子	室町時代から江戸時代にかけて作られた「一寸法師」「（⑦　　　　）」などの短編の物語
江戸時代	奥の細道	（⑧　　　　）が東北、北陸を旅した体験をもとに書いた俳諧紀行文
	曽根崎心中	近松門左衛門によって書かれた浄瑠璃（台詞と旋律によって物語を進めていく語り物音楽）
明治時代	（⑨　　　　）	川島忠之助が翻訳したフランスのヴェルヌの冒険小説
	自由太刀余波鋭鋒	坪内逍遥が（⑩　　　　）の戯曲『ジュリアス・シーザー』を訳したもの
	舞姫	（⑪　　　　）が初めて書いた短編小説
	吾輩は猫である	（⑫　　　　）が初めて書いた小説

3

リスニング

◆リスニング用のスクリプトがあります。(p.226)
「小泉八雲＜リスニング用＞」を聞いて、質問に答えましょう。

＜1回目＞

1．正しい文に○、間違っている文に×を書きましょう。

（1）小泉八雲は日本で生まれました。 （　　　　）

（2）小泉八雲はイギリスで新聞記者をしていました。 （　　　　）

（3）小泉八雲は旅行で日本に来ました。 （　　　　）

（4）小泉八雲は日本の古い伝説がおもしろいと思いました。 （　　　　）

（5）小泉八雲は『怪談』という本を日本語で書きました。 （　　　　）

＜2回目＞

2．もう一度聞いて、次の（　　　　）に入る言葉を書き入れなさい。

　　小泉八雲は明治時代の作家です。（①　　　　　　　　　）をラフカディオ・ハーンと言います。1850年ギリシャ西岸のレフカダ島で生まれました。ハーンは、子どものころに辛い（②　　　　　　　　）をたくさんしました。小さいころに親と離れて暮らすことになり、親戚に引き取られて育てられていましたが、親戚は破産し、学校を辞めることになりました。その後、ハーンは19歳の時にアメリカに渡り、（③　　　　　　　　）を転々としました。ニューオリンズで（④　　　　　　　　）として勤めていた時、（⑤　　　　　　）で日本の展示物を見て、日本の文化に興味を持ちました。そして、英語に（⑥　　　　　　）された『古事記』を読んで、ますます日本の（⑦　　　　　　）や神話に興味を持ちました。ハーンは雑誌の（⑧　　　　　　　　）のため日本に来ることになりましたが、記者はやめて、中学校で英語の先生として働くことになりました。そこで小泉節子と結婚して、名前を小泉八雲に変えました。それから、東京帝国大学などで（⑨　　　　　　　　）を教えました。そして、日本の古い（　⑦　）や奇談を英語でまとめた『怪談』という本を出版し、海外に日本文化を紹介しました。ところが、1904年9月、その本が出版されてから半年もせずに亡くなりました。54歳でした。小泉八雲の本には、「雪女」「むじな」「耳なし芳一」など今でも語られる有名な（⑩　　　　　　　　）話がたくさんあり、ヨーロッパやアメリカをはじめ、多くの国で出版されています。

＊音声は https://www.3anet.co.jp/np/books/3936/ で聞いてください。

本文

司会者　：みなさん、こんにちは。今日のゲストは小泉八雲さんです。小泉八雲さんといえば、明治時代に活躍された作家で、「雪女」や「むじな」などの怖い話が有名です。では、小泉八雲さんにお話を伺います。まず、小泉八雲さんは、どんな子ども時代をお送りになりましたか。

小泉八雲：私の本名はラフカディオ・ハーンと申します。1850年にギリシャのレフカダ島で生まれました。父はアイルランド人、母はギリシャ人です。2歳の時に母とともにアイルランドに移りましたが、4歳の時に親戚に預けられ、育てられました。そして6歳の時に両親が離婚し、私はフランスやイギリスの全寮制の学校で勉強しました。そして、16歳の時に校庭の遊具のロープが顔に当たり、左目が見えなくなってしまいました。だから、私はカメラに写るのが苦手で、写真を撮る時は、左目が写らないようにしておりました。その後、私を育ててくれた親戚が破産し、学校も退学しなければなりませんでした。ですから、子ども時代はあまりいい思い出がございません。

司会者　：それは大変でございましたね。そんな辛いことがあったとは、存じませんでした。

小泉八雲：19歳の時にアメリカに渡り、いろいろな職業を転々としました。生活は苦しかったものの、好きな読書をし、文章を書いて暮らしていました。その後、1874年に私は新聞記者になりました。

司会者　：八雲さんはなぜ日本にいらっしゃることになったのですか。

小泉八雲：ニューオリンズで開催された博覧会を訪れた時に、日本に興味を持ちました。そして、英訳された『古事記』を読んで大変感動しました。それで、どうしても日本に行きたくなったのです。

司会者　：そのころ日本は明治時代で、西洋から多くの知識を学んでいた時です。八雲さんは、その時代に日本に関心をお持ちになったのですね。興味深いです。

小泉八雲：雑誌の取材のため来日しましたが、記者はやめて、島根県松江市で英語の教師をすることになりました。神話の国として知られている松江市に住むことができて、とてもうれしく思いました。

司会者　：そこで、小泉節子さんとお知り合いになったのですね。

小泉八雲：はい、そうです。それから、熊本県に引っ越し、高等学校で３年間ほど英語を教えました。そして、節子と結婚し、子どもにも恵まれ、名前を小泉八雲と改めました。それから、1903年まで東京帝国大学で英文学を教え、私が辞めた後は、夏目漱石君が引き継ぎました。その後は早稲田大学で教えながら、以前から興味のあった日本の古い伝説や奇談を英語でまとめ、本を出版いたしました。それが『怪談』という本です。

司会者：「雪女」や「むじな」、「耳なし芳一」などのお話ですね。今でも知らない人はいないほど有名です。

小泉八雲：ところが、私はその本が出版されてから半年も経たないうちに、心臓発作でこの世を去ってしまいました。54歳でした。子どもの成長もそうですが、私の本がその後どうなったのかを見届けられず残念でございました。

司会者：八雲さんの本は、今では日本はもとより海外でも出版され、多くの人に読まれています。当時日本は世界的に見るとまだまだ小さな国で、西洋の文化に追いつこうと努力していた時代です。そのころに小泉八雲さんは日本の古い文学に興味を持ち、日本に古くから伝わる話を英語で紹介し、海外の人が日本のことを知るきっかけを作ってくださったんですね。最後になりますが、今の時代の人に何か一言いただけますでしょうか。

小泉八雲：私はもっと長生きをして、本をたくさん読んだり書いたりしたかったです。日本の怖い話は西洋の怖い話と違って、じわりと怖さが伝わってきます。そこがとてもおもしろいと思いました。今、日本の怖い話は世界でも注目されているので、ぜひ新しい時代のおもしろい作品を読みたいものです。小さいころ、私は辛い経験ばかりしましたが、人生には転機を迎える瞬間があるのだと思います。私の場合、それは日本に興味を持ち、日本で暮らすことでした。そして、それまでと違う価値観や考え方を知り、私は人生が楽しくなりました。ぜひみなさんも新しい地でそれまでと違う価値観、考え方を学び、豊かな人生を歩んでください。それを小説に書いてみるのもきっと楽しいですね。みなさんの作品を読んでみたいです。時代の変化につれて、人間が作る文化も変わっていきます。文学を読めば、その時代の文化や価値観を知ることができます。ぜひ今の時代の文化を未来の人々に伝え残してほしいと思います。

司会者：貴重なお話をありがとうございました。今日は小泉八雲さんにお話を伺いました。

言葉リスト

◆次の言葉の読み方を書きなさい。わからない言葉の意味を調べましょう。

言葉	読み方	意味
活躍する		
作家		
本名		
親戚		
離婚する		
破産する		
辛い		
職業		
転々とする		
文章		
新聞記者		
開催する		
博覧会		
訪れる		
感動する		
西洋		
知識		
興味深い		
取材		
恵まれる		
改める		
文学		

伝説		
奇談		
出版する		
この世を去る		
成長		
見届ける		
努力		
きっかけ		
長生き		
じわりと		
注目する		
作品		
経験		
転機		
迎える		
瞬間		
価値観		
豊かな		
人生		
歩む		
小説		
変化		
未来		
貴重な		

漢字言葉学習

1．次の漢字の読み方を書きなさい。

（1）活躍する　（　　　　　　　）　（2）怖い　　　（　　　　　　　）

（3）本名　　　（　　　　　　　）　（4）苦手な　　（　　　　　　　）

（5）訪れる　　（　　　　　　　）　（6）興味　　　（　　　　　　　）

（7）感動する　（　　　　　　　）　（8）知識　　　（　　　　　　　）

（9）恵まれる　（　　　　　　　）　（10）改める　　（　　　　　　　）

（11）伝説　　　（　　　　　　　）　（12）残念な　　（　　　　　　　）

（13）努力　　　（　　　　　　　）　（14）注目する　（　　　　　　　）

（15）経験　　　（　　　　　　　）　（16）価値観　　（　　　　　　　）

（17）豊かな　　（　　　　　　　）　（18）人生　　　（　　　　　　　）

（19）歩む　　　（　　　　　　　）　（20）貴重な　　（　　　　　　　）

2．次は何の言葉を説明していますか。本文の中から見つけなさい。

（1）何かを見聞きして、すばらしいと思ったり悲しいと思ったりして心が動かされる

（　　　　　　　）

（2）亡くなる（6文字）　　　　　　　　　（　　　　　　　）

（3）何かを始める機会　　　　　　　　　（　　　　　　　）

（4）みんなが興味を持って見る　　　　　（　　　　　　　）

（5）何を大切に思うかという考え方や物事の見方　　（　　　　　　　）

文法学習

1．尊敬語・謙譲語

次の言葉の尊敬語と謙譲語の言い方を書きなさい。

	尊敬語 相手の行為を高める表現	謙譲語 謙譲Ⅰ：自分がする行為の受け手を高める表現 謙譲Ⅱ：自分がする行為を丁重に述べ、聞き手を高める表現
	①尊敬語（特別な形） ＊「尊敬語」の特別な形は決まった動詞にしかありません。	①謙譲語（特別な形） ＊「謙譲語」の特別な形は決まった動詞にしかありません。
	②お（ご）＋（　　形）＋になる ＊Ⅲグループの「漢語＋する」の動詞：「ご＋漢語＋になる」。 例）ご乗車になる、ご心配になるなど。	②お（ご）＋（　　形）＋する ＊Ⅲグループの「漢語＋する」の動詞：「ご＋漢語＋する」 例）ご案内する、ご連絡するなど。ただし例外もある。（「お返事する」など）
	③受身と同じ形 ＊「受身」の形は、①②よりも少し丁寧さが下がります。	
行く・来る	①	①
いる	①	①
食べる	①	①
する	①	①
言う	①	①
会う		①
	②	②
見る	①	①

聞く		①
	②	②
もらう		①
くれる	①	
知っている	①	①

問題1　次の文に合うように（　　　　）の動詞を尊敬語か謙譲語にしなさい。

（1）先生が日本語を＿＿＿＿＿＿＿＿（教えてくれた）ので、テストに合格できました。

（2）A：先生は明日何時に職員室に＿＿＿＿＿＿＿＿＿＿＿＿＿＿（来る）か。

　　　B：9時に来ます。

（3）A：先生は、王君が卒業後どうしているか＿＿＿＿＿＿＿＿＿＿（知っている）か。

　　　B：知っていますよ。今、日本の会社で働いていますよ。

（4）A：先生、荷物重そうですね。＿＿＿＿＿＿＿＿＿＿＿（手伝う）ましょうか。

　　　B：どうもありがとう。

（5）先生が学校を退職されるので、一緒に写真を＿＿＿＿＿＿（撮ってもらう）ました。

問題2　本文の会話文で使われている尊敬語と謙譲語の表現をすべて抜き出しなさい。

尊敬語：

謙譲語：

2. 文（普通体）＋とは～

文について、後ろの文で感想を述べたり意味を説明したりする。

（1）彼が＿＿＿＿＿＿＿＿＿＿＿＿＿＿＿＿＿＿＿＿＿＿＿＿＿＿とは知らなかった。

（2）「猿も木から落ちる」とは、「＿＿＿＿＿＿＿＿＿＿＿＿」という意味です。

（3）＿＿＿＿＿＿＿＿＿＿＿＿＿＿＿＿＿＿＿＿＿＿＿＿＿＿＿＿＿＿

3. 文（普通体）＋ものの

逆接の意味で、前文から予測できることが起こらないことを表す。

＊文が「ナ形容詞だ」で終わる時は、「～だ→～な／である」となり、「名詞だ」で終わる時は、
「～だ→～である」となる。

（1）＿＿＿＿＿＿＿＿＿＿＿＿＿＿＿＿＿＿ものの、優勝することができなかった。

（2）大学を卒業したものの、＿＿＿＿＿＿＿＿＿＿＿＿＿＿＿＿＿＿

（3）＿＿＿＿＿＿＿＿＿＿＿＿＿＿＿＿＿＿＿＿＿＿＿＿＿＿＿＿

4. 動詞（　　　　　形・ている）＋うちに

イ形容詞＋うちに

ナ形容詞＋な＋うちに

名詞＋の＋うちに

「～という状態が続いている間に」という状況を表す。

例）日本にいるうちに、日本語で会話ができるようになった。

（1）＿＿＿＿＿＿＿＿＿＿＿＿＿＿＿＿＿＿うちに、寝てしまった。

（2）＿＿＿＿＿＿＿＿＿＿＿＿＿＿＿＿＿＿うちに、家に帰る。

（3）＿＿＿＿＿＿＿＿＿＿＿＿＿＿＿＿＿＿＿＿＿＿＿＿＿＿＿＿

動詞（ない形）＋ないうちに

「～しないという状態が続いている間に」という状況を表す。

例）雨が降らないうちに、早く家に帰る。

（4）忘れないうちに、＿＿＿＿＿＿＿＿＿＿＿＿＿＿＿＿＿＿＿＿

（5）＿＿＿＿＿＿＿＿＿＿＿＿＿＿＿＿＿＿うちに、宿題を終わらせる。

（6）＿＿＿＿＿＿＿＿＿＿＿＿＿＿＿＿＿＿＿＿＿＿＿＿＿＿＿＿

5．名詞1＋はもとより 名詞2＋も

「名詞1は当たり前だが 名詞2も」と、名詞2の例^{れい}を強調する。（「～はもちろん」より
も改^{あらた}まった表現^{ひょうげん}）

（1）ヨーロッパはもとよりアジアでも_____

（2）_____もその計画に反対している。

（3）_____

3

6．名詞＋ばかり

「同じものがたくさんある、同じことをする」「～しかない」という意味を表す。マイナス
の意味を表すことが多い。

（1）_____ばかり食べていては体によくない。

（2）最近^{さいきん}_____ばかりで、ゆっくりできなかった。

（3）_____

内容理解

1．本文を読んで、小泉八雲について、正しい文に○、間違っている文に×を書きなさい。

（1）イギリスで、アイルランド人の父親と日本人の母親の間に生まれました。　（　　　　）

（2）小さいころに日本に行ったことがあります。　（　　　　）

（3）アメリカで記者などいろいろな仕事を経験しました。　（　　　　）

（4）『古事記』を英語に翻訳しました。　（　　　　）

（5）雑誌の取材で来日して、初めて日本に興味を持ちました。　（　　　　）

（6）日本に来てから名前を小泉八雲に変えました。　（　　　　）

（7）日本に伝わる古い話をまとめて、『怪談』を書きました。　（　　　　）

（8）『怪談』が出版されてから亡くなりました。　（　　　　）

2．本文を読んで、次の質問に答えなさい。

（1）小泉八雲は、なぜ日本に行こうと思いましたか。

（2）本文で紹介されている小泉八雲が書いた本のタイトルと内容について書きなさい。

本のタイトル：

内容：

（3）（2）の本には、何というタイトルの話が載っていますか。本文の例を3つあげなさい。

（4）小泉八雲が生きていた時代、日本はどんな時代だったと本文で述べられていますか。

① ☐☐ から多くの ② ☐☐ を学び、① ☐☐ の ③ ☐☐

に ④ ☐☐☐☐☐☐☐☐ していた時代

（5）下線部人生には転機を迎える瞬間があるとありますが、小泉八雲は自分の転機はどのようなできごとだったと言っていますか。本文から15字で抜き出しなさい。（句読点も含む）

☐☐☐☐☐☐☐☐☐☐☐☐☐☐☐ こと

（6）このインタビューを通して小泉八雲が伝えたい内容となるように、下の要約文の下線部に入る表現を書きなさい。

新しい地で① _____ことで、② _____ほしい

です。さらに、③ _____を通して④ _____ことが

できるので、今の時代の文化を⑤ _____ほしいです。

（7）下の年表は、小泉八雲の年表と日本の歴史の年表を並べたものです。

1．あ〜この（　）に入る言葉を本文から探して、書きなさい。

2．ア〜コの（　）に入る言葉を下の①〜⑩から選びなさい。

| ①小学校　　②神奈川　　③郵便　　④森鷗外　　⑤福沢諭吉 |
| ⑥鉄道　　⑦夏目漱石　　⑧ペリー　　⑨井伊直弼　　⑩長崎 |

小泉八雲の年表		日本の歴史の年表	
1850	6月27日、（あ　　　　　）で生まれる	1853	アメリカの使節（ア　　　）が来航し、（イ　　　）県の浦賀で開国を要求する
1852	（い　　　　　　　　　）に行く　親戚に預けられる	1854	（ア　）が再び来航し、日米和親条約を結ぶ。ロシア・イギリス・オランダとも同様の和親条約を結んだ
1857	両親が（う　　　　　　　）する	1858	（ウ　　　）が大老になり、アメリカと日米修好通商条約を結ぶ。ロシア・イギリス・フランスとも同様の条約を結ぶ　函館・（イ　）・新潟・兵庫・（エ　　　）の5港を開く
1861	フランスの学校で学ぶ	1862	生麦事件が起こる
1863	イギリスの学校で学ぶ			
1866	事故で左目が見えなくなる	1867	大政奉還により、江戸幕府が倒れる

1867	親戚が（え　　　　　）し、学校を（お　　　　　）する		
1869	（か　　　　　）へ渡る	1868	王政復古の大号令が出される 戊辰戦争が起こる 江戸城が開城する
		1871	廃藩置県が行われる （オ　　　）制度ができる
		1872	学制を定め、全国に（カ　　　）を作る 東京の新橋と横浜の間に（キ　　　）が開通する （ク　　　）が『学問のすすめ』を著す
1874	（き　　　　　　　）になる	1874	日本と海外の食材を融合させたあんぱんが作られる
1877	ニューオリンズに行く。その後も新聞記者として活躍する		
1885	ニューオリンズの博覧会を訪れる	1884	（ケ　　　）がドイツに留学する
1890	取材のため来日する 島根県で英語の（く　　　　　）になる	1890	（ケ　　　）が『舞姫』を書く
1891	小泉節子と（け　　　　　）する	1894	日清戦争が始まる
1896	名前を小泉八雲と改める	1900	（コ　　　）がイギリスに留学する
1904	『（こ　　　　　　　）』を出版する 9月26日、亡くなる	1904 1905	日露戦争が始まる （コ　　　）が『吾輩は猫である』を書く

活動　　インタビュー

活動のポイント

・歴史上の人物について詳しく調べる
・尊敬語と謙譲語を使って歴史上の人物にインタビューする形式の会話を考える
・尊敬語と謙譲語を使い、インタビュー形式で楽しく会話を行う

活動の流れ

1．歴史上の人物について調べる

① 世界史や日本史の教科書、資料集を使って、興味のある歴史上の人物を探す

② 本やインターネットで、その歴史上の人物について調べ、＜インタビューシート＞に
まとめる
＊トピック２「日本の歴史」の活動で調べた歴史上の人物を選んでもよい。

③ 歴史上の人物の写真かスライドを用意する

2．インタビューの会話文を書く

① ＜インタビューシート＞をもとに、歴史上の人物にインタビューする会話文を作る
＊ 司会者と歴史上の人物両方の会話文を作る。
＊ 尊敬語や謙譲語を使う。
＊ 本文を参考に、想像力を使って楽しい会話文を考える。
＊ 会話文は web 補助教材の＜インタビュースクリプトシート＞に書いてもいいです。
（https://www.3anet.co.jp/np/books/3936/）

② 先生にチェックしてもらう

③ もう一度作文を書き直す

④ 会話の練習をする（ペアワーク）
＊ ペアになり、一人が自分の調べた歴史上の人物になり、相手が司会者になる（あと
で役割を交代する）。
＊ 司会者の役の人は原稿を見てもよいが、歴史上の人物の役の人は、なるべく原稿を
見ないで答える。

3．インタビュー会話の発表をする

① インタビューの雰囲気が出るように、いすやテーブル、マイクを用意する

② ペアごとに発表していく
＊ 歴史上の人物の写真やスライドを見せながら、その人物になったつもりで発表する。
＊ 可能であれば、その歴史上の人物が生きていた時代の服装や持ち物を真似すると雰囲
気が出てさらによくなる。

<インタビューシート>

1. あなたが司会者だったらどんな質問をしますか。左の欄の⑨〜⑩に質問を書きましょう。
2. 右の欄には、歴史上の人物になったつもりで、答えを想像して書きましょう。
   （以下のインタビューシートは普通体で答えます。発表の原稿は、尊敬語と謙譲語を
   使って書きましょう）

司会者の質問	＿＿＿＿＿＿＿＿＿＿＿＿＿＿＿としての答え
①職業・身分	
②人生で一番印象に残っているできごとや作品	
③②でそのできごとや作品を選んだ理由	
④②の作品を作った時やできごとが起こった時の気持ち	
⑤家族構成	
⑥時代背景	
⑦今の時代に生きていたら、したいこと	
⑧今の時代の人に伝えたいこと	
⑨	
⑩	

<インタビュー会話シート>

　下の文はインタビュー会話の基本的な構成です。必要な情報を調べて、下線部に言葉を入れなさい。自分で会話が書ける人は、調べた内容を自分でまとめて、会話を書いてもいいです。web補助教材の<インタビューのスクリプトシート>を使ってもいいです。

インタビュー会話サンプルフォーム

| は
じ
め
に | 司会者：みなさん、こんにちは。今日のゲストは＿＿＿＿＿＿＿さんです。
　　　　　　　　　　　　　　　　　　　　　（ゲストの名前）

　＿＿＿＿＿＿＿さんといえば、＿＿＿＿＿＿＿が有名です。
　　　（ゲストの名前）　　　　　　　　（作品やできごとなど）

　では、＿＿＿＿＿＿＿さんに、いろいろお伺いしたいと思います。
　　　　　（ゲストの名前）

　＿＿＿＿＿＿＿さんはお子さんの時、どんな子ども時代をお送りになり
　（ゲストの名前）

　ましたか。
歴史上の人物：私は＿＿＿＿年に＿＿＿＿＿＿で生まれました。
　　　　　　　　　　（生まれた年）　（生まれた場所）

　家族は、＿＿＿＿＿＿＿＿＿＿＿＿＿＿＿＿＿です。
　　　　　　（家族の人数、家族で有名な人など）

　＿＿＿＿＿＿＿＿＿＿＿＿＿＿＿＿＿＿＿。
　　　　　　　　（エピソードの時期）

　＿＿＿＿＿＿＿＿＿＿＿＿＿＿＿＿＿＿＿。
　　　　　　　　（エピソードなど）
司会者：それは＿＿＿＿＿＿＿＿＿＿＿でございましたね。
　　　　　　　　　　　（感想） |
| なか | 司会者：一番印象に残っていることは何ですか。
歴史上の人物：＿＿＿＿＿＿＿＿＿＿＿＿＿＿＿＿。
　　　　　　　　　　　　（答え）
司会者：その時、どんなお気持ちでいらっしゃいましたか。
歴史上の人物：＿＿＿＿＿＿＿＿＿＿＿＿＿＿＿＿。
　　　　　　　　　　　　（答え）
司会者：＿＿＿＿＿＿＿さんは、なぜ＿＿＿＿＿＿のでしょうか。
　　　（ゲストの名前）　　　　　　（したこと）
　　　　　　　　　　　　　　　（以下、質問と答えを続ける） |

お わ り	司会者：では、今の時代の人に何か一言いただけますでしょうか。 歴史上の人物：私はもっと長生きして、＿＿＿＿＿＿＿＿＿＿＿＿＿たかったです。 　　　　　　　　　　　　　　　　　　（したかったと思っていること） 　　　最後に＿＿＿＿＿＿＿＿＿＿＿＿。ぜひみなさんも＿＿＿＿＿＿＿＿＿＿＿＿。 　　　　　　（伝えたいメッセージ）　　　　　　　　　　　　（アドバイス） 司会者：今日は、貴重なお話をありがとうございました。

3

> 1．会話文の提出日は、＿＿＿＿＿＿月＿＿＿＿＿＿日（＿＿＿＿＿）です。
> 2．発表は＿＿＿＿＿＿月＿＿＿＿＿＿日（＿＿＿＿＿）です。

おすすめの文法・表現例

> ●自己紹介する（謙譲語を使う）
> ・〜と申します　　・〜をいたしました
> ●質問する（尊敬語を使う）
> ・〜いらっしゃいましたか　　・どうして〜なさいましたか
> ・〜られましたか
> ●感想を述べる
> ・それは〜でございましたね　　・ぜひ〜なさってください　　・〜たいと存じます

＊インタビュー会話の例は本文を参照してください。

トピック

4

短歌と俳句

短歌や俳句は、時代を超えて現代でも詠まれ、親しまれています。短歌や俳句について学び、日本の伝統的な文化について理解を深めていきます。短歌や俳句を通し、気持ちを伝えたり、気持ちを共有したりする楽しさを味わいましょう。

はじめに

◆次の質問に答えましょう。

1. 日本で一番古い歌集は次のどれですか。
   （a）古今和歌集　　（b）新古今和歌集　　（c）万葉集

2. 日本で一番古い歌集に使われている文字はどれですか。
   （a）ひらがな　　（b）カタカナ　　（c）漢字

3. 次のうち、最も古い時代から詠まれているものはどれですか。
   （a）短歌　　（b）俳句　　（c）川柳

4. 短歌はいくつの音からできていますか。
   （a）十七音　　（b）三十一音　　（c）三十八音

5. 『百人一首』はいつの時代にまとめられましたか。
   （a）平安時代　　（b）鎌倉時代　　（c）室町時代

6. 次のうち、最も多く俳諧を詠んだ人はだれですか。
   （a）豊臣秀吉　　（b）松尾芭蕉　　（c）夏目漱石

7. 俳句は基本的に3つの部分から作られています。スラッシュ（／）を入れて、次の俳句を3つの句に分けましょう。

   荒海や佐渡に横たふ天の川

8. 俳句には季節を表す言葉（季語）を入れなければいけません。上の俳句の季語は何ですか。
   （a）荒海　　（b）佐渡　　（c）天の川

9. 7の俳句の季語が表す季節はいつですか。
   （a）春　　（b）夏　　（c）秋　　（d）冬

10. 次の俳句は正岡子規の俳句の一部です。あなたなら、[　　　]にどんな言葉を入れますか。自由に考えてみましょう。

    [　　　　　　　　　]を　並べて置くや　枕元

リスニング

◆リスニング用のスクリプトがあります。（p.226）

「短歌と俳句＜リスニング用＞」を聞いて、質問に答えましょう。

＜1回目＞

1．正しい文に○、間違っている文に×を書きましょう。

（1）和歌は外国から伝えられました。（　　）

（2）『万葉集』よりも古い歌集に、『古今和歌集』『新古今和歌集』があります。（　　）

（3）俳句は奈良時代になって作られました。（　　）

（4）俳句は音の数に決まりがあります。（　　）

（5）俳句を通し、季節や自然の美しさを表すことができます。（　　）

＜2回目＞

2．もう一度聞いて、次の（　　　　　）に入る言葉を書き入れなさい。

　（①　　　　　　　　　）とは、日本に古くから伝わる詩の形です。（　①　）には、短歌、長歌、旋頭歌などの種類がありますが、その中でも特に多く詠まれたのが短歌です。短歌は五、七、五、七、七の（②　　　　　　　）音でできています。短歌の歴史は古く、（③　　　　　　）の半ばごろにはすでに成立していました。（④　　　　　　　）時代の『万葉集』は、日本で最も古い歌集として有名で、多くの短歌が詠まれています。平安時代には『古今和歌集』、鎌倉時代には『新古今和歌集』がまとめられました。短歌を通し、昔の時代の（⑤　　　　　　）や人々の考え方を知ることができます。短歌は現代でも作られ、たくさんの人々に親しまれています。

　（⑥　　　　　　　）時代になると、松尾芭蕉によって俳句のもととなる俳諧の芸術性が高められました。俳句は、五、七、五の十七音でできています。この限られた音の中に、（⑦　　　　　　　）の味わいや（⑧　　　　　　）の美しさ、人々の心を表そうとしています。俳句を作る時は、季語といって、（⑨　　　　　　）を表す言葉を入れるのが決まりになっています。現代でも、俳句を作る人はたくさんいて、新聞などにも紹介されています。また、俳句は日本だけでなく外国でも人気があり、英語などに（⑩　　　　　　）されたり、外国語で作られたりするなど、国境を超えて楽しまれています。

*音声は https://www.3anet.co.jp/np/books/3936/ で聞いてください。

61

本文

　人々は、昔から自然の風景や恋愛、喜怒哀楽といった感情を詩に表して楽しんできました。中国では古くから漢詩が詠まれており、日本人も漢詩を学んだり、詠んだりしていました。やがて、日本でも独自に詩を作るようになり、いろいろな詩の種類が発展しました。日本の古典的な詩の形式をまとめて和歌と呼んでいます。和歌には、短歌、長歌、旋頭歌などがありますが、その中でも特に多く詠まれたのが短歌です。短歌の歴史は古く、7世紀の半ばごろにはすでに成立していたと考えられています。短歌は五、七、五、七、七の三十一音で作られています。この限られた音の中に枕詞、掛詞、擬人法、対句、反復といった技法を取り入れ、昔の人々は短歌の世界を楽しんでいました。

　短歌は、奈良時代の『万葉集』、平安時代の『古今和歌集』、鎌倉時代の『新古今和歌集』といった歌集に多く収められています。『万葉集』は、日本で最も古い歌集です。これには、長歌や短歌など合わせて約4,500首の和歌が収められています。鎌倉時代には藤原定家という歌人によってまとめられた『百人一首』という歌集があります。百人の歌人が詠んだ歌を一首ずつ集めたものなので、こう呼ばれています。短歌は古代から今日にいたるまで、およそ千年以上にわたり、たくさんの人々の間で親しまれてきました。このように、短歌を通して、昔の時代の文化や人々の考え方を知ることができるのも魅力の一つです。

　それでは、短歌をいくつか紹介しましょう。

①天の原　ふりさけ見れば　春日なる　三笠の山に　出でし月かも　　安部仲麻呂

②あしひきの　山鳥の尾の　しだり尾の　ながながし夜を　ひとりかも寝む　　柿本人麻呂

③花の色は　うつりにけりな　いたづらに　我が身世にふる　ながめせしまに　　小野小町

④みちのくの　母のいのちを　一目見ん　一目みんとぞ　ただにいそげる　　斎藤茂吉

⑤白鳥は　かなしからずや　空の青　海のあをにも　染まずただよふ　　若山牧水

⑥いちはつの　花咲き出でて　我が目には　今年ばかりの　春ゆかんとす　　正岡子規

　短歌よりも歴史が新しく、世界で最も短い詩のうちの一つと言われているのが俳句です。俳句はもともと俳諧と呼ばれ、短歌の上の句である五・七・五と下の句である七・七を詠

みつなげる連歌から生まれました。俳諧は、江戸時代に松尾芭蕉によって芸術性が高められました。そして、明治時代に正岡子規のグループによって俳句という名前が使われるようになり、現代に根付いています。俳句は、五、七、五の十七音で作られます。この限られた音の中に、春夏秋冬の味わいや自然の美しさ、人々の心を表そうとしています。俳句を詠む際は、季語という季節を表す言葉を入れるのが決まりになっています。また、体言止めや倒置法といった技法を用いるなどして、少ない言葉にもかかわらず、読む人のイメージをふくらませたり、心に余韻を残したりできるところに、俳句の楽しさがあります。今日でも俳句を詠む人はたくさんいて、新聞などでも紹介されています。それでは、有名な俳句をいくつか紹介しましょう。

⑦古池やかはず飛び込む水の音　　　　　　　松尾芭蕉
⑧柿くへば鐘が鳴るなり法隆寺　　　　　　　正岡子規
⑨旅に病んで夢は枯野をかけめぐる　　　　　松尾芭蕉
⑩夏草やつはものどもが夢の跡　　　　　　　松尾芭蕉

　また、俳句は日本のみならず外国でも人気があり、英語などにも翻訳されています。さらに、外国語で俳句を詠む人もいます。次の英語の詩は、松尾芭蕉が作った俳句を英語に訳したものです。

The old pond

A frog jumps in-

Plop!　　　　　　　　（R.H.Blyth）

　このように、日本語だけでなく英語でも俳句を味わえるというわけです。短歌や俳句を通して作った人の気持ちに共感したり、自分の体験や感じたことを伝えたりすることができます。短歌や俳句は、時代や国境を超えて、人々の間で楽しまれています。

言葉リスト

◆次の言葉の読み方を書きなさい。わからない言葉の意味を調べましょう。

言葉	読み方	意味
自然		
風景		
喜怒哀楽		
感情		
漢詩		
詠む		
独自		
発展する		
古典的な		
形式		
成立する		
技法		
収める		
最も		
親しむ		
芸術性		
根付く		
味わい		
決まり		
余韻		
共感する		
国境		

漢字言葉学習

１．次の漢字の読み方を書きなさい。

（１）短歌　　　（　　　　　　　　）　　（２）俳句　　　（　　　　　　　　）

（３）自然　　　（　　　　　　　　）　　（４）風景　　　（　　　　　　　　）

（５）表す　　　（　　　　　　　　）　　（６）詠む　　　（　　　　　　　　）

（７）発展する　（　　　　　　　　）　　（８）和歌　　　（　　　　　　　　）

（９）限る　　　（　　　　　　　　）　　（10）歌集　　　（　　　　　　　　）

（11）収める　　（　　　　　　　　）　　（12）最も　　　（　　　　　　　　）

（13）親しむ　　（　　　　　　　　）　　（14）歴史　　　（　　　　　　　　）

（15）芸術性　　（　　　　　　　　）　　（16）現代　　　（　　　　　　　　）

（17）春夏秋冬　（　　　　　　　　）　　（18）季節　　　（　　　　　　　　）

（19）味わい　　（　　　　　　　　）　　（20）翻訳する　（　　　　　　　　）

２．次は何の言葉を説明していますか。本文の中から見つけなさい。

（１）短歌の数え方　　　　　　　　　　　　　　　　（　　　　　　　　）

（２）好きなことを何度もくり返して、そのことを身近で楽しいと感じる

　　　　　　　　　　　　　　　　　　　　　　　　（　　　　　　　　）

（３）人の関心を引き付ける素敵なところ　　　　　　（　　　　　　　　）

（４）4つの季節　　　　　　　　　　　　　　　　　（　　　　　　　　）

（５）ある言語を他の言語に変える　　　　　　　　　（　　　　　　　　）

文法学習

1. (名詞1＋から) 名詞2＋にいたるまで

場所や時間などの区切りの地点、時点を示し、「(〜から) 〜までずっと」という意味を表す。硬い表現。

（1）駅から会場にいたるまで、＿＿＿＿＿＿＿＿＿＿＿＿＿＿＿＿＿＿＿＿＿＿

（2）今朝にいたるまで、＿＿＿＿＿＿＿＿＿＿＿＿＿＿＿＿＿＿＿＿＿＿＿＿＿＿

（3）＿＿＿＿＿＿＿＿＿＿＿＿＿＿＿＿＿＿＿＿＿＿＿＿＿＿＿＿＿＿＿＿＿＿＿＿

2. 名詞＋にわたって／にわたり

「〜の大きな範囲に広がっている」「〜の期間ずっと続く」という意味を表す。硬い表現。

（1）オリンピックは、＿＿＿＿＿＿＿＿＿＿＿＿＿＿＿＿＿にわたり開催される。

（2）震源地を中心に半径2kmにわたって、＿＿＿＿＿＿＿＿＿＿＿＿＿＿＿＿＿

（3）＿＿＿＿＿＿＿＿＿＿＿＿＿＿＿＿＿＿＿＿＿＿＿＿＿＿＿＿＿＿＿＿＿＿＿＿

3. 文（普通体）＋にもかかわらず

「〜けれども」という意味を表し、後ろには前の文から予想できることと違った結果が来る。

   ＊文が「ナ形容詞だ」で終わる時は、「〜だ→×／〜である」となり、「名詞だ」で終わる時は、

   「〜だ→×／〜である」となる。

（1）彼はまだ幼いにもかかわらず、＿＿＿＿＿＿＿＿＿＿＿＿＿＿＿＿＿＿＿＿＿

（2）＿＿＿＿＿＿＿＿＿＿＿＿＿＿＿＿＿にもかかわらず、最後まであきらめなかった。

（3）＿＿＿＿＿＿＿＿＿＿＿＿＿＿＿＿＿＿＿＿＿＿＿＿＿＿＿＿＿＿＿＿＿＿＿＿

4. 名詞1 ＋のみならず 名詞2 も

「名詞1 だけでなく 名詞2 も」という意味を表し、名詞2 の例を強調する。

（1）日本のファッションはアジアのみならず＿＿＿＿＿＿＿＿＿＿＿＿＿＿＿＿＿＿＿＿＿

（2）＿＿＿＿＿＿＿＿＿＿＿＿＿＿＿は＿＿＿＿＿＿＿＿＿＿＿＿＿＿＿のみならず海外でも人気だ。

（3）＿＿＿＿＿＿＿＿＿＿＿＿＿＿＿＿＿＿＿＿＿＿＿＿＿＿＿＿＿＿＿＿＿＿＿＿＿＿＿

5. 文（普通体）＋わけだ

「だから～のだ」という意味で、前の文の情報をもとに結論や話し手が納得したことがらを言う。「～というわけだ」の形もよく使われる。

　＊文が「ナ形容詞だ」で終わる時は、「～だ→～な／である」となり、「名詞だ」で終わる時は、「～だ→～な／である」となる。

（1）今日は雪が降っている。どうりで＿＿＿＿＿＿＿＿＿＿＿＿＿＿＿＿＿＿＿＿＿わけだ。

（2）長い時間スマホを見ていると姿勢が悪くなります。
　　その結果、＿＿＿＿＿＿＿＿＿＿＿＿＿＿＿＿＿＿＿＿＿＿＿＿というわけです。

（3）＿＿＿＿＿＿＿＿＿＿＿＿＿＿＿＿＿＿＿＿＿＿＿＿＿＿＿＿＿＿＿＿＿＿＿＿＿＿＿

内容理解

1．本文を読んで、正しい文に○、間違っている文に×を書きなさい。

（1）短歌は平安時代に初めて作られました。　　　　　　　　　　（　　　）

（2）『万葉集』には、短歌が多く詠まれています。　　　　　　　（　　　）

（3）『古今和歌集』には、短歌や俳句が詠まれています。　　　　（　　　）

（4）『百人一首』は鎌倉時代にまとめられました。　　　　　　　（　　　）

（5）現代では、短歌は詠まれなくなりました。　　　　　　　　　（　　　）

（6）俳句は短歌よりも短いです。　　　　　　　　　　　　　　　（　　　）

（7）俳句は外国でも人気で、外国語でも作られています。　　　　（　　　）

（8）俳句には枕詞を入れることが決まりになっています。　　　　（　　　）

2．本文を読んで、次の質問に答えなさい。

（1）次の表の①〜⑥に入る適切な言葉を本文から探して書きなさい。

時代	歌集の名前	和歌を選んだ人	特徴
①	②	大伴家持など	日本で最も古い歌集。約4500首が集められている
平安時代	③	紀貫之、紀友則など	醍醐天皇が作らせた日本で最初の勅撰和歌集
④	⑤	源 通具 藤原定家	後鳥羽上皇が作らせた勅撰和歌集
	⑥	藤原定家	百人の和歌をまとめた歌集

（2）下の①〜⑤に適切な言葉を入れて、短歌と俳句についてまとめなさい。

	音の特徴	その他
短歌	①	（②　　　　　　　　）、（③　　　　　　　　）、擬人法、対句、反復といった特有の技法を使うことがある
俳句	④	（⑤　　　　　　　　）を入れるのが決まりになっている

（3）次の①〜⑥の短歌はどんな意味ですか。下の（ア）〜（カ）から選びなさい。

①天の原　ふりさけ見れば　春日なる　三笠の山に　出でし月かも　　　　　（　）

②あしひきの　山鳥の尾の　しだり尾の　ながながし夜を　ひとりかも寝む　（　）

③花の色は　うつりにけりな　いたづらに　我が身世にふる　ながめせしまに　（　）

④みちのくの　母のいのちを　一目見ん　一目みんとぞ　ただにいそげる　　（　）

⑤白鳥は　かなしからずや　空の青　海のあをにも　染まずただよふ　　　（　）

⑥いちはつの　花咲き出でて　我が目には　今年ばかりの　春ゆかんとす　（　）

（ア）山鳥の尾っぽの、長く長く垂れ下がった尾っぽのように長い夜を（愛しく思う人に逢えないで）一人寂しく寝ることだろうか。

（イ）悲しくないのだろうか。青い空、青い海の中、たった一つ青色に染まらずに白い姿で空を飛んでいる鳥は。

（ウ）桜の色は、春の雨が降っている間に色あせてしまった。ちょうど私の美しさが、恋に悩むうちに衰えてしまったように。

（エ）このきれいに咲いている花を、来年も見ることができるかわからない。私はもう長く生きられないだろうから、もしかすると、見られるのは今年の春が最後になるかもしれない。

（オ）故郷の母の病気がひどく、長く生きられないという連絡が来た。母の生きているうちにもう一度会いたくて、急いで故郷へ帰る。

（カ）大空を見ると東の空に月が出ている。あれは（私が中国に来る前に）奈良の三笠山に出ていたのと同じような月だなあ。

（４）次の俳句について答えなさい。①〜④の俳句はどこで切れますか。スラッシュ（／）を書きなさい。また、（　）に入る言葉を下の□の中から選びなさい。同じ言葉を使ってもいいです。

> 松尾芭蕉　　正岡子規　　春　夏　秋　冬　夢　法隆寺　　かえる　　柿
> 鐘の音　　兵士　　水の音　　旅　かはず　病気　枯野　夏草　静か

① 古池やかはず飛び込む水の音
　　この俳句は（1.　　　　　　　　）が詠んだものです。季語は（2.　　　　　　）で（3.　　　　　　）の季節を表しています。（4.　　　　　　　　）が古い池に飛び込んだ。その（5.　　　　　　）があたりに響いた。小さな水の音が、こんなに響くなんて、なんと（6.　　　　　　　）なんだろう、という意味を歌っています。

② 柿くへば鐘が鳴るなり法隆寺
　　この俳句は（1.　　　　　　　　）が詠んだものです。季語は（2.　　　　　）で（3.　　　　）の季節を表しています。（4.　　　　　　　）の門の前のお茶屋で休んだ。そこで（5.　　　　）を食べていると、寺から（6.　　　　　　　）が響いてきた。あたりはとても静かで、のどかな雰囲気が感じられる。

③ 旅に病んで夢は枯野をかけめぐる
　　この俳句は（1.　　　　　　　　）が詠んだものです。季語は（2.　　　　　）で（3.　　　　）の季節を表しています。（4.　　　　）の途中、（5.　　　　　　）で寝ていても、広い（6.　　　　　　　）をかけめぐっている夢を見た。

④ 夏草やつはものどもが夢の跡
　　この俳句は（1.　　　　　　　　）が詠んだものです。季語は（2.　　　　　）で（3.　　　　）の季節を表しています。かつて（4.　　　　　　　）たちが国を治めたいと願って、戦っていたところへ来てみると、その人たちの（5.　　　　　）はもう消えてしまって、今はただ（6.　　　　　　　）がしげっているだけだ。

（5）①～⑦の表現技法について、下の言葉から選び、表の中に書き入れなさい。

倒置　掛詞　比喩　枕詞　体言止め　対句　反復

表現技法	説明
①	特定の語の前につけて調子を整える。一般的に五音の言葉
②	１つの共通の音に２つの意味を持たせた言葉
③	語順を逆にして意味を強める表現方法
④	他のものに例える表現
⑤	同じ語句を繰り返して感動を強める表現
⑥	体言（名詞・代名詞）で終わって気持ちを残す表現方法
⑦	対照的な２つの言葉を同じ形で並べて印象を強める表現方法

（6）次の季語はいつの季節の季語でしょうか。春夏秋冬の季節に分けてみましょう。

赤とんぼ	たんぽぽ	なだれ	もちつき	たけのこ	残雪	こたつ
かみなり	夕焼け	めだか	すいか	栗	節分	おおみそか
ぶどう	ひまわり	台風	天の川	七五三	朝顔	雪解け
風邪	いちご	梅	新緑	虹		

春	夏	秋	冬

活動　　俳句作り

活動のポイント

・テーマを決めて、言葉をたくさん集める
・俳句（川柳）を作る
・俳句（川柳）を発表する

活動の流れ

1. テーマを決めて、言葉を連想し、俳句（川柳）を作る

① テーマを決めて、テーマから連想する言葉を3つ考える。それぞれの言葉からさらに3つずつ言葉を連想して、＜ワークシート＞に書く
＊辞書を使ってもよい。

② 連想した言葉を五七五のリズムに合わせてつなげて、俳句（川柳）を作る

＊五七五の十七音で作るが、一音足りなかったり一音多かったりしても問題ない。

＊「楽しい」「うれしい」「おもしろい」など気持ちを直接表す言葉は使わないで、読む人が気持ちを想像できる表現にする。

＊季語がなくてもよい（季語を入れたものは「俳句」、季語がないものは「川柳」と呼ぶ）。

2. グループで俳句・川柳を作る

① クラスでテーマを決める

② 3人組のグループを作って、一つのグループで一つの俳句を作る

③ 1番目の人は俳句の最初の「五」、2番目の人は「七」、3番目の人は最後の「五」を考える

④ A4の紙を74ページの図のように4等分に折る

⑤ 1番目の人が最初に自分の担当のところに書き、自分が書いたところが見えないように紙を内側に折る。

⑥ 2番目の人は1番目の人が書いたところを見ないで自分の担当のところを書き、自分が書いたところが見えないように紙を内側に折る

⑦ 3番目の人は1番目、2番目の人が書いたところを見ないで、自分の担当のところを書く

3. クラスで発表する

① 完成したら、先生に渡す

② グループで作った俳句をクラスで発表し、優秀賞を決める

＊校外で行われているいろいろな俳句コンクールに応募してもよいでしょう。インターネットで応募できるコンクールを探してみましょう。

<ワークシート>

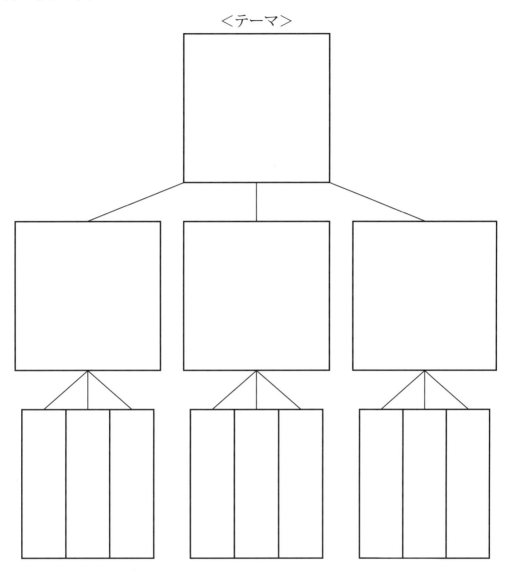

◆連想した言葉を使って、俳句を作りましょう。

_____　　_____　　_____
　　　五　　　　　　　　七　　　　　　　　五

_____　　_____　　_____
　　　五　　　　　　　　七　　　　　　　　五

_____　　_____　　_____
　　　五　　　　　　　　七　　　　　　　　五

◆3人で俳句を作りましょう。

　クラスでテーマを決め、言葉を連想して3人で一つの俳句を作ります。前の人が書いたところは見てはいけません。前の人がどんな言葉を書いたか、想像しながら作ってください。1人目は最初の「五」、2人目は「七」、3人目は最後の「五」を作ります。自分が書いたところは内側に折って隠し、次の人に渡してください。最後の人が書いたら、先生に渡してください。

	折る	折る	折る	
③三人目「五」	②二人目「七」		①一人目「五」

どんな俳句ができたか、クラスで紹介しましょう。

＜俳句・川柳サンプル＞

　以下は俳句・川柳の作品例です。
　みなさんもぜひ自分の経験や気持ちを伝える俳句・川柳を作ってみてください。
・雪景色　故郷の街と　重なり合う　　・ふるさとの　君と眺めた　同じ月
・チラチラと　枯れ木につもる　白い花　・夜の空　大きく開く　夏の花
・三日月が　にっこり笑う　秋の空　　・始業式　笑い声が　響き合う
・三色の　色の団子で　春の味

おすすめの俳句の技法例

●切れ字：名詞の後に「〜や」「〜かな」「〜ぞ」という表現をつけると気持ちの余情を表す

　　　　ことができる

　　　　　　例）秋深き　隣は何を　する人ぞ　　（松尾芭蕉）

　　　　　　　　夏草や　つはものどもが　夢の跡　（松尾芭蕉）

●体言止め：名詞で終わると、気持ちが残りやすい

　　　　　　　例）朝顔に　つるべとられて　もらひ水　（加賀千代）

●擬人法：ものを人に例えて表現する

　　　　　　例）秋空を　二つに断てり　椎大樹　　　（高浜虚子）

●動詞の終止形で終わる：「〜を待つ」のように動詞の終止形で終わる

　　　　　　　　例）こがらしや　海に夕日を　吹き落とす　（夏目漱石）

１．俳句の提出日は＿＿＿＿＿月＿＿＿＿＿日（＿＿＿＿）です。

２．発表は＿＿＿＿＿月＿＿＿＿＿日（＿＿＿＿）です。

4

トピック

5

地震(じしん)

日本は地震大国(じしんたいこく)と呼(よ)ばれ、毎年地震(じしん)が起きています。今日(こんにち)の社会は科学技術(かがくぎじゅつ)が発達(はったつ)したといっても、地震(じしん)を防(ふせ)ぐことはできません。私(わたし)たちは地震(じしん)のような自然災害(しぜんさいがい)にどのように備(そな)えればいいのでしょうか。地震(じしん)の仕組みを学び、その対策(たいさく)を考えましょう。

はじめに

◆次の質問に答えましょう。

1．地震の大きさを表すための単位はどれですか。

（a）マントル　　（b）メガバイト　　（c）マグニチュード　　（d）ガウス

2．次のうち地震の原因はどれですか。複数あります。

（a）海の波が揺れる　　（b）噴火が起こる　　（c）地球が回る

（d）地球の表面のプレートが動く

3．地震による揺れの大きさを表す震度は、何段階で表されますか。

（a）5 段階　　（b）7 段階　　（c）9 段階　　（d）10 段階

4．日本国内で体に感じられる地震は、1 年間に約何回起こっているでしょうか。

（a）約 100 ～ 500 回　　（b）約 500 ～ 1000 回　　（c）約 1000 ～ 2000 回

5．火山が噴火した時に出る火山ガスに一番多く含まれている成分は次のどれですか。

（a）二酸化炭素　　（b）窒素　　（c）水蒸気　　（d）硫黄

6．地震が起きた時、どうすればいいですか。地震が起きた時の行動として、正しいもの
　　に○、正しくないものに×を書きましょう。

（1）揺れが収まるまで、机の下に隠れます。　　　　　　　　　　　　　　（　　　）

（2）家具が倒れると危ないので、支えに行きます。　　　　　　　　　　　（　　　）

（3）エレベーターの中にいたら、そのまま 1 階までエレベーターで降ります。（　　　）

（4）海のそばにいたら、早く高いところに登ります。　　　　　　　　　　（　　　）

（5）地下にいたら、地下の方が安全なので地下で待機します。　　　　　　（　　　）

（6）高層ビルの方が地震の揺れが小さいので、高層ビルの中に逃げ込みます。（　　　）

7．次の防災用品の中で、あなたが常に用意しておくとしたら、どれを選びますか。3 つ選
　　んでその理由も話し合いましょう。

（　　）充電器　　（　　）非常食　　（　　）懐中電灯

（　　）ラジオ　　（　　）水　　（　　）防寒具

（　　）軍手　　（　　）お金　　（　　）靴

（　　）ガムテープ

リスニング

◆リスニング用のスクリプトがあります。(p.227)

「地震<リスニング用>」を聞いて、質問に答えましょう。

＜1回目＞

1．正しい文に○、間違っている文に×を書きましょう。

（1）地震は、台風やハリケーンによって引き起こされます。　　　（　　　）

（2）1年間に地球全体で、約1000回から2000回もの地震が起こっています。

　　　　　　　　　　　　　　　　　　　　　　　　　　　　　（　　　）

（3）海底で地震が起こると、津波が生じることがあります。　　（　　　）

（4）津波は、陸地に向かって水深が浅くなるにつれ、速くなります。（　　　）

（5）科学技術が発達し、自然災害を防げるようになりました。　（　　　）

＜2回目＞

2．もう一度聞いて、次の（　　　　　）に入る言葉を書き入れなさい。

　近年、地震、津波、台風、ハリケーン、洪水などの（①　　　　　　　）が世界各地で起こり、大きな（②　　　　　　　）をもたらしています。特に日本では地震が多く、体に感じられるものだけでも、1年間に約1000回から2000回もの地震が起きているそうです。地震が起こる原因の一つは、地球を覆っている（③　　　　　　　　　）が動いて、ぶつかることです。そして、海底で地震が起こると、津波が発生することがあります。これは、海底の（　③　）が上下に揺れるからです。津波の伝わる速さは水深が浅ければ浅いほど遅くなり、津波の高さは高くなります。

　日本に住む私たちは、日ごろから油断せず、地震の（④　　　　　　　）をしなければいけません。まず、ラジオや非常食などの（⑤　　　　　　　　　）を用意したり、家具などが倒れないようにしたりすることが大切です。また、家族との連絡（⑥　　　　　　）も決めておく必要があります。さらに、自分が住んでいる場所の（　①　）の可能性について調べ、（⑦　　　　　　　）する場所や経路を確認しておくことも必要です。

　現代のように科学が（⑧　　　　　　　）した時代においても、自然（　①　）の発生を完全に（⑨　　　　　　）したり、防いだりすることはできません。そのため、私たちは自然を大切にし、（　①　）に関する（⑩　　　　　　　）を持つことが大切です。

---

*音声は https://www.3anet.co.jp/np/books/3936/ で聞いてください。

本文

　地球は、大きく核、マントル、地殻の３つの層からできています。地球の中心に内核があり、その周りを外核が覆っています。地球の中心の核の成分は主に鉄で、温度は3000℃から6000℃にもなります。そして、この核を下部マントル、さらに上部マントルが覆っています。マントルの上部とそれを覆う地殻の部分はプレートと呼ばれ、岩石の板になっています。

　日本列島は昔、ユーラシア大陸の一部だったと考えられていますが、プレートが動いたり、噴火とともにマグマが地表に流れ出たりしたことで、現在のような形になりました。現在でもプレートは年間数cmから10cm程度動いています。実は、このプレート同士がぶつかったり離れたり、大きくずれたりすることで、地震が起こると言われています。気象庁のデータによると、日本では体に感じられるものだけでも、①1年間に約1000回から2000回もの地震が起きているそうです。

　地震の規模はマグニチュードの数値で示します。数字が大きいほど強い地震を表します。大きな地震の場合、建物が壊れ、橋などが倒れます。震源地の近くでは地面が割れたり、土地が盛り上がったり沈んだりして、大きな被害となります。過去には2016年の熊本地震（マグニチュード7.3）、2011年の東日本大震災（マグニチュード9.0）、1995年の阪神・淡路大震災（マグニチュード7.3）などの地震で大きな被害がもたらされました。

　海底で地震が起こると、津波が発生することがあります。これは、海底のプレートが上下に揺れることが原因です。津波の伝わる速さは水深が浅ければ浅いほど遅くなり、津波の高さは高くなります。大きな津波の場合、数十メートルの高さにまで到達し、多大な被害をもたらすことがあります。過去にはチリで起きた地震によって生じた津波が、日本にまで到達したという例もあります。

　地球に住んでいる以上、私たちは地震にあう可能性があります。地震から命を守るために、地震について知り、日ごろから対策をしておくことが大切です。まず、身近なところでは、家にラジオや非常食などの防災用品を準備し、家具が倒れないようにしておくことです。そして、住んでいる地域の緊急避難場所も確認し、家族との連絡方法も決めておく必要があります。さらに、学校や地域で行われる避難訓練に積極的に参加するようにして、

安全に避難できる経路や場所も確認しておきましょう。他にも、過去に自分の住んでいる地域で大きな地震が起きたことがあるか、その場合に、津波や土砂崩れなどの災害が発生したことがあるのかなどを調べることも役に立つでしょう。

　地震や津波、洪水、台風、ハリケーンなどの自然災害は、世界各地で深刻な被害を生み出します。しかし、現代のように科学が発達した時代においても、自然災害の発生を完全に予測したり、防いだりすることはできません。私たちは、自然のもとに生かされています。地球上で暮らしていくためには、自然とともに生きていかなければいけません。自然の大切さを無視しようものなら、人類は地球という住処を失うことになりかねません。被害を最小限にするために、過去の経験から学び、常に災害に備えること、万一の際にも冷静に、適切に行動することが大切です。そして、自然とともに生きているということを忘れてはいけません。

5

言葉リスト

◆次の言葉の読み方を書きなさい。わからない言葉の意味を調べましょう。

言葉	読み方	意味
（地球の）核		
マントル		
地殻		
覆う		
マグマ		
震源地		
盛り上がる		
被害		
もたらす		
津波		
到達する		
対策		
非常食		
防災		
緊急		
避難		
連絡		
訓練		
積極的な		
参加する		
安全な		
経路		

確認する		
土砂崩れ		
災害		
役に立つ		
洪水		
台風		
ハリケーン		
深刻な		
科学		
発達する		
予測する		
防ぐ		
無視する		
住処		
備える		
万一		
冷静な		
適切な		

5

漢字言葉学習

１．次の漢字の読み方を書きなさい。

（1）地震　　（　　　　　　　）　　（2）壊れる　（　　　　　　　）

（3）被害　　（　　　　　　　）　　（4）津波　　（　　　　　　　）

（5）揺れる　（　　　　　　　）　　（6）対策　　（　　　　　　　）

（7）防災　　（　　　　　　　）　　（8）準備する（　　　　　　　）

（9）緊急　　（　　　　　　　）　　（10）避難　　（　　　　　　　）

（11）積極的な（　　　　　　　）　　（12）災害　　（　　　　　　　）

（13）洪水　　（　　　　　　　）　　（14）台風　　（　　　　　　　）

（15）深刻な　（　　　　　　　）　　（16）発達する（　　　　　　　）

（17）予測する（　　　　　　　）　　（18）防ぐ　　（　　　　　　　）

（19）備える　（　　　　　　　）　　（20）万一　　（　　　　　　　）

２．次は何の言葉を説明していますか。本文の中から見つけなさい。

（1）地震が起こる中心の部分　　　　　　　　　　（　　　　　　　）

（2）安全な場所に逃げること　　　　　　　　　　（　　　　　　　）

（3）自分から進んで取り組む様子　　　　　　　　（　　　　　　　）

（4）地震や台風などによる被害　　　　　　　　　（　　　　　　　）

（5）物事が起こる前に準備する　　　　　　　　　（　　　　　　　）

文法学習

1. 動詞（　　　　　形）、動詞（　　　　　形）＋ほど

イ形容詞（　い→　　　　　　）、イ形容詞（〜い）＋ほど

ナ形容詞（　な→　　　　　　）、ナ形容詞（〜な）＋ほど

「ば／なら」と「ほど」の前には同じ言葉を使う。動作が繰り返されたり、状況や程度が進んだりする（上がったりする）のに合わせて、「ほど」の後で述べられていることの状況や程度も進む（上がる）ことを表す。

（1）＿＿＿＿＿＿＿＿＿＿＿ば＿＿＿＿＿＿＿＿＿＿＿ほど上手になる。

（2）＿＿＿＿＿＿＿＿＿なら＿＿＿＿＿＿＿＿＿＿＿ほどよく売れる。

（3）＿＿＿＿＿＿＿＿＿＿＿＿＿＿＿＿＿＿＿＿＿＿＿＿＿＿＿＿

2. 文（普通体）＋以上（は）

「〜のだから」と状況を述べ、後ろでは「当然〜だ、〜つもりだ（意志・決意）、〜なければならない（義務）」などの覚悟や責任を表す表現が来る。

　　＊文が「ナ形容詞だ」で終わる時は、「〜だ→〜な／である」となり、「名詞だ」で終わる時は、「〜だ→〜である」となる。

（1）学校の代表に選ばれた以上は、＿＿＿＿＿＿＿＿＿＿＿＿＿＿＿＿＿

（2）＿＿＿＿＿＿＿＿＿＿＿＿＿＿＿以上は、あきらめるわけにはいかない。

（3）＿＿＿＿＿＿＿＿＿＿＿＿＿＿＿＿＿＿＿＿＿＿＿＿＿＿＿＿

3. 名詞＋において＋文

名詞1＋における＋名詞2

ある動作や物事が起こる場所や時間、また物事の範囲や分野などを表す。

（1）iPS 細胞の研究は、＿＿＿＿＿＿＿＿＿＿＿＿＿においてとても重要だ。

（2）日本における＿＿＿＿＿＿＿＿＿＿＿＿＿＿は変化の時を迎えている。

（3）＿＿＿＿＿＿＿＿＿＿＿＿＿＿＿＿＿＿＿＿＿＿＿＿＿＿＿＿

4. 名詞 ＋のもとに

「～を条件として」「～の状況で」という意味を表す。

（1）親の了解のもと、＿＿＿＿＿＿＿＿＿＿＿＿＿＿＿＿＿＿＿＿＿＿

（2）両者の合意のもとに、＿＿＿＿＿＿＿＿＿＿＿＿＿＿＿＿＿＿＿

（3）＿＿＿＿＿＿＿＿＿＿＿＿＿＿＿＿＿＿＿＿＿＿＿＿＿＿＿＿＿

5. 動詞（　　　　　形）＋ものなら

前の文で「もし～たら」という条件を表し、後ろの文では「大変なこと／困ったことが起こる」という意味の文が来る。

（1）あの人との待ち合わせに1分でも遅刻しようものなら、＿＿＿＿＿＿＿＿

（2）うちの親は厳しくて、＿＿＿＿＿＿＿＿＿＿＿＿＿＿ものなら、ひどく怒られる。

（3）＿＿＿＿＿＿＿＿＿＿＿＿＿＿＿＿＿＿＿＿＿＿＿＿＿＿＿＿＿

6. 動詞（　　　　　形）＋かねない

「～かもしれない」という意味で、悪いことが起こる可能性があることを言う。

（1）友達の悪口ばかり言っていると、＿＿＿＿＿＿＿＿＿＿＿＿＿＿かねない。

（2）無理をして働くと＿＿＿＿＿＿＿＿＿＿＿＿＿＿＿＿＿＿かねない。

（3）＿＿＿＿＿＿＿＿＿＿＿＿＿＿＿＿＿＿＿＿＿＿＿＿＿＿＿＿＿

内容理解

1．本文を読んで、正しい文に○、間違っている文に×を書きなさい。

（1）地球の中心部分にはマントルがあり、その周りを核が覆っています。（　　　）

（2）地球の核はとても熱いです。（　　　）

（3）地球のプレートは今でも動いています。（　　　）

（4）マグニチュードは地震の被害の大きさを表します。（　　　）

（5）日本の地球の反対側で起こった津波が日本に到達したことがあります。（　　　）

（6）日ごろから対策をとっていれば災害を防ぐことができます。（　　　）

（7）科学が進歩し、完全に災害を予測できるようになりました。（　　　）

（8）過去の経験は現代の防災に役立ちます。（　　　）

2．本文を読んで、次の質問に答えなさい。

（1）下の図の①から⑥は何という部分ですか。下から言葉を選んで、書きなさい。

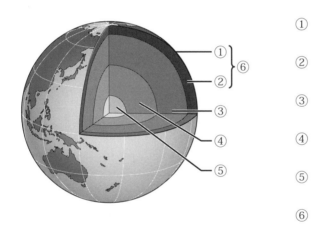

①

②

③

④

⑤

⑥

┌──┐
プレート　　外核　　下部マントル　　内核　　地殻　　上部マントル
└──┘

（2）地震の原因は何ですか。本文の言葉を使って、次の文を完成させなさい。

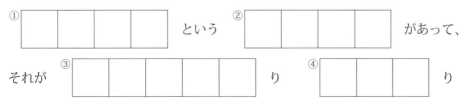

①□□□□　という　②□□□□□　があって、

それが　③□□□□□　り　④□□□□　り

⑤□□□　りすることで地震が発生すると考えられています。

（3）日本では「1年間に約1000回から2000回もの地震が起きている」とありますが、なぜ日本では地震が多いと思いますか。下の図を見て、考えて書きなさい。

_____

_____

（4）地震が発生すると、どんな危険なことが起こる可能性がありますか。本文に書かれている具体例を5つ探して、1つずつ箇条書き（辞書形で終わる形）で答えなさい。

・_____

・_____

・_____

・_____

・_____

（5）本文の第1段落から第6段落には、どのようなことが書かれていますか。（ a ）〜（ f ）
から選びなさい。

第1段落 ［　　　　　　］　　　　（ a ）津波の起こる原因と性質
第2段落 ［　　　　　　］　　　　（ b ）地震の起こる原因
第3段落 ［　　　　　　］　　　　（ c ）自然とともに生きることの大切さ
第4段落 ［　　　　　　］　　　　（ d ）地震による被害
第5段落 ［　　　　　　］　　　　（ e ）地震に対する具体的な備え
第6段落 ［　　　　　　］　　　　（ f ）地球の構造

（6）本文で筆者が心配していることを120字以内で要約しなさい。

（7）私たちが防災のためにするべきことを本文の中から探し、下の表に箇条書きでまとめ、
いくつあるか書きなさい。また、あなたが準備できているものに○をつけなさい。

［　　　　　　　　　］つの地震対策確認リスト	準備できているもの

89

活動 　防災カルタを作る

活動のポイント

・防災^{ぼうさい}について学んだことがらを「防災^{ぼうさい}カルタ」で表現^{ひょうげん}する
・「防災^{ぼうさい}カルタ」の内容^{ないよう}に合うように絵を描^かく
・作った「防災^{ぼうさい}カルタ」を使ってクラスで遊ぶ

活動の流れ

1．言葉を集める
　① 防災^{ぼうさい}に関^{かん}する言葉を付箋^{ふせん}にたくさん書き出す
　② 関連^{かんれん}のある表現^{ひょうげん}をまとめて、言葉をまとめたりつなげたりして文を考える
　③ 語調がよくなるように先生にアドバイスをもらう
　④ <防災^{ぼうさい}カルタシート>の表に書く
　　＊ <防災^{ぼうさい}カルタシート>は、下の URL からダウンロード後、印刷^{いんさつ}する。
　　　（https://www.3anet.co.jp/np/books/3936/）

2．防災^{ぼうさい}カルタを作る
　① クラス全体で一つのカルタを作る
　　＊ 五十音の文字をクラスで分担^{ぶんたん}し、<防災^{ぼうさい}カルタシート>の表に書いた文を見ながら、読み札^{ふだ}を作る。
　　＊ クラス全員分の<防災^{ぼうさい}カルタシート>を見られるようにしておき、担当者^{たんとうしゃ}が好^すきな文を選^{えら}べるようにしておくとよい。
　② 読^よみ札^{ふだ}に対応^{たいおう}した取^とり札^{ふだ}を作る
　　＊ 取^とり札^{ふだ}には、最初^{さいしょ}の１文字を大きく書き、文に関係^{かんけい}したイラストを描^かいたり写真を貼^はったりする

3．防災^{ぼうさい}カルタで遊ぶ
　・4～5人のグループを作り、クラスで作った防災^{ぼうさい}カルタを使って遊ぶ
　　遊び方その１：作成^{さくせい}した「防災^{ぼうさい}カルタ」をグループの数だけすべてコピーし、教師^{きょうし}が読むのに合わせて、各グループで一斉^{いっせい}にカルタを取る。
　　遊び方その２：作成^{さくせい}した「防災^{ぼうさい}カルタ」をグループの数に分け、グループのメンバーの一人が読み手になり、他の人がカルタを取る。読み手は途中^{とちゅう}で交代^{こうたい}してもよい。

<防災カルタシート>
1．防災に関連する言葉をたくさん付箋に書き出して、関連する言葉をつなげましょう。
2．例を参考にして、それぞれの50音から始まる言葉を考えて、「防災カルタ」の文を作りましょう。
3．①「取り札」には絵と始まりの1文字、②「読み札」には全文を書いてカルタを作りましょう。

50音	防災カルタ（例）
あ	あんしん　安全　防災訓練
い	いつでも　どこでも　油断禁物
う	うえも見て！　棚から物が落ちてくる
え	エレベーター　地震の時は　すぐ下りて
お	おおあめの　時には川に　近づかない
か	⋮

＊<防災カルタシート>はウェブからダウンロード可能。

> 1．カルタの提出日は＿＿＿＿月＿＿＿＿日（＿＿＿＿）です。
> 2．カルタ大会は＿＿＿＿月＿＿＿＿日（＿＿＿＿）です。

トピック

6

ノーベル賞

ノーベル賞は国際社会に偉大な功績を残した人に贈られる賞です。ノーベル賞はアルフレッド・ノーベルという人の願いによって創設されました。この賞が生まれた背景には、どのような歴史があり、どのような人たちに贈られているのでしょうか。また、他にもさまざまな賞を受賞した人たちの研究や活動について調べ、世界のできごとに関する理解を深めましょう。

はじめに

◆次の質問に答えましょう。

1．ノーベル賞が初めて贈られたのはいつですか。

（a）１２８７年　　（b）１５４７年　　（c）１９０１年

2．ノーベル賞は、だれの遺言で作られましたか。

（a）

（b）

（c）

アメリカの発明家で、蓄音機、白熱電球などを発明した。

スウェーデンの発明家で、ダイナマイトを発明した。

ドイツ生まれの物理学者で、「相対性理論」を提唱した。

3．現在、自然科学分野においてノーベル賞を受賞した人が最も多い国はどこですか。

（a）イギリス　　（b）フランス　　（c）ドイツ　　（d）日本　　（e）アメリカ

4．これまでにノーベル賞を受賞した人は次のうち、だれですか。複数います。

（a）野口英世（医学者）　　　　　　（b）川端康成（小説家）

（c）トーマス・エジソン（発明家）　　（d）バラク・オバマ（第44代アメリカ大統領）

（e）ヴィルヘルム・レントゲン（物理学者）

5．ノーベル物理学賞、化学賞などの授賞式は、どこの国で行われますか。ヒントは、ノーベルが生まれた国です。

（a）スイス　　（b）イギリス　　（c）スウェーデン　　（d）フランス

6．ポーランド出身でノーベル物理学賞と化学賞の２つを受賞した研究者はだれですか。この人は「radioactivity」という言葉を発案しました。

（a）マリー・キュリー　　（b）ヴィルヘルム・レントゲン

（c）アルベルト・アインシュタイン

リスニング

◆リスニング用のスクリプトがあります。（p.227）

「ノーベル賞＜リスニング用＞」を聞いて、質問に答えましょう。

＜1回目＞

1．正しい文に○、間違っている文に×を書きましょう。

（1）ノーベル賞は、アルフレッド・ノーベルの誕生を記念して作られました。（　　　　）

（2）ノーベルは事故が起こったので、爆薬の研究をやめました。　　　　　（　　　　）

（3）ノーベルはダイナマイトの発明で、裕福になりました。　　　　　　　（　　　　）

（4）ノーベルは工事の役に立てたいと考え、ダイナマイトを作りました。　（　　　　）

（5）最初のノーベル賞は、ノーベルが亡くなった後に贈られました。　　　（　　　　）

＜2回目＞

2．もう一度聞いて、次の（　　　　　　）に入る言葉を書き入れなさい。

　ノーベル賞は世界的に名誉のある賞で、アルフレッド・ノーベルの遺言で作られました。物理学賞、化学賞、生理学・医学賞、（①　　　　　　　　　）賞、平和賞などがあり、国際社会に（②　　　　　　　　）した人に与えられます。

　ノーベルは小さいころから家庭教師のもとで言語や化学の勉強をして、その後、爆薬の研究をしました。30歳の時、工場で事故が起こり、弟と助手が亡くなりました。それでも研究を続け、ダイナマイトの発明に成功し、世界的な富豪になりました。ダイナマイトはノーベルの（③　　　　　　　　）した通り、工事に役立つ一方、戦争でも使われ、たくさんの人が亡くなりました。ノーベルはそれを（④　　　　　　　）して、国際社会の発展に（　②　）した人をたたえたいと思いました。ノーベルは63歳で亡くなりましたが、遺言にもとづき、ノーベル財団が設立され、1901年に初めてノーベル賞が授与されました。

　これまでにノーベル賞を受賞した人に、マリー・キュリー、アルベルト・（⑤　　　　　　　　　　）、アーネスト・ヘミングウェイなどがいます。社会や人々の生活がより（⑥　　　　　　　）し、より豊かなものになるように、研究者たちの（⑦　　　　　　　）が繰り返され、今日の社会の（⑧　　　　　　　）を築いています。変化し続ける社会において、新しい発見や（⑨　　　　　　　）の転換が必要になるでしょう。さまざまなことがらに興味を持ち、大きな目標と（⑩　　　　　　　　）を持つことが、次の時代の大きな発見につながるかもしれません。

---

*音声は https://www.3anet.co.jp/np/books/3936/ で聞いてください。

本文

「ノーベル賞」という賞を知っていますか。ノーベル賞は世界的に名誉のある賞で、現在は、物理学賞、化学賞、生理学・医学賞、文学賞、平和賞などがあり、さまざまな分野の人に贈られています。1年に1度、ノーベル賞の受賞者が決まり、スウェーデンとノルウェーで授賞式が行われています。

アルフレッド・ノーベルは1833年スウェーデンの首都ストックホルムで生まれました。父親は地雷などを発明し、大成功を収めます。ノーベルは家庭教師のもとで言語や化学の知識を深め、爆薬の研究に興味を持ち研究に没頭しました。1863年にノーベルはニトログリセリンを用いた爆薬を商品化しました。しかし、1864年に工場で爆発事故が起こり、その事故によって弟と5人の助手が亡くなり、ノーベル自身も怪我をしました。その後も研究を続け、1866年に安全に扱えるダイナマイトの発明に成功します。ノーベルは「ダイナマイト王」と呼ばれるほど、世界的な富豪となりました。ダイナマイトはトンネルや運河の土木工事で活用される一方で、ノーベルの意図に反して、新たな軍事兵器として多くの戦争で使われ、たくさんの人の命が犠牲になりました。そのため「死の商人」と呼ばれたこともあります。そのことに心を痛め、ノーベルは人類の進歩と世界の平和のために貢献した人たちをたたえたいと考えました。ノーベル賞には、このような思いが込められているのです。

ノーベルは1896年に63歳で亡くなりましたが、彼の遺言にもとづいて、1900年にノーベル財団が設立され、1901年から国際社会に社会的、文化的に貢献した人々にノーベル賞が授与されています。これまでに1000近くの個人や団体がノーベル賞を受賞しています。その中には、マリー・キュリー（1903年物理学賞、1911年化学賞）、アルベルト・アインシュタイン（1921年物理学賞）、アーネスト・ヘミングウェイ（1954年文学賞）、ジェームズ・ワトソン（他2名）（1962年生理学・医学賞）、マーティン・ルーサー・キング・ジュニア（1964年平和賞）、マララ・ユスフザイ（2014年平和賞）などがいます。日本でもこれまでに物理学賞を受賞した湯川秀樹をはじめ、大江健三郎が文学賞、根岸英一と鈴木章が化学賞、山中伸弥が生理学・医学賞を受賞しています。

社会や人々の生活が平和で充実し、より豊かなものになるように、研究者たちの挑戦が

繰り返されています。今後、私たちはこれまでに経験したことのないできごとに遭遇するかもしれません。そのような問題の解決には、新しい発見や発想の転換が必要になるでしょう。ノーベル化学賞受賞者の鈴木章氏は、自身の研究生活を振り返り、セレンディピティ（serendipity）と呼ばれる偶然に思いがけないものを発見する能力の重要性について、「大きな発見は偶然からやってくる。チャンスはだれにも平等にある。チャンスを生かすためには、注意深い心、努力する精神、それに謙虚に考えることだ。努力がなければ、幸運の女神がほほ笑むことはない」と若者にメッセージを送っています。日ごろからさまざまなことがらに興味を持ち、世界に目を向け、視野を広げること、そして大きな目標と希望を持ち、何事にも一生懸命取り組むことで、このセレンディピティの感覚が養われ、次の時代を生き抜くための新しい発見や発想を生み出すことができるのかもしれません。

6

言葉リスト

◆次の言葉の読み方を書きなさい。わからない言葉の意味を調べましょう。

言葉	読み方	意味
名誉		
地雷		
発明		
爆薬		
没頭する		
扱う		
富豪		
土木工事		
活用する		
意図		
軍事		
兵器		
犠牲		
人類		
進歩		
貢献する		
たたえる		
遺言		
充実する		
挑戦		
経験する		
遭遇する		

解決		
発想		
偶然		
平等な		
注意深い		
精神		
謙虚な		
ほほ笑む		
目標		
希望		
一生懸命		
感覚		
養う		

6

漢字言葉学習

１．次の漢字の読み方を書きなさい。

（1）名誉　　　（　　　　　　　　）　　（2）受賞　　　（　　　　　　　　）

（3）発明　　　（　　　　　　　　）　　（4）没頭する　（　　　　　　　　）

（5）爆発　　　（　　　　　　　　）　　（6）扱う　　　（　　　　　　　　）

（7）土木工事　（　　　　　　　　）　　（8）活用する　（　　　　　　　　）

（9）進歩　　　（　　　　　　　　）　　（10）貢献する　（　　　　　　　　）

（11）遺言　　　（　　　　　　　　）　　（12）充実する　（　　　　　　　　）

（13）豊かな　　（　　　　　　　　）　　（14）挑戦　　　（　　　　　　　　）

（15）解決　　　（　　　　　　　　）　　（16）発想　　　（　　　　　　　　）

（17）偶然　　　（　　　　　　　　）　　（18）目標　　　（　　　　　　　　）

（19）一生懸命　（　　　　　　　　）　　（20）養う　　　（　　　　　　　　）

２．次は何の言葉を説明していますか。本文の中から見つけなさい。

（1）時間を忘れるくらい何かに集中する　　　　　　　　（　　　　　　　　）

（2）何かの役に立つ　　　　　　　　　　　　　　　　　（　　　　　　　　）

（3）難しいことに立ち向かうこと　　　　　　　　　　　（　　　　　　　　）

（4）新しい考え、物事を考え出すこと　　　　　　　　　（　　　　　　　　）

（5）日々の練習や努力によって、能力や感覚を身につける　（　　　　　　　　）

文法学習

1. 名詞 ＋のもとで

「〜の影響が及ぶところで」という意味を表す。

（1）＿＿＿＿＿＿＿＿＿＿＿＿＿＿＿＿＿のもとで、才能を伸ばすことができた。

（2）新しい環境のもとで、＿＿＿＿＿＿＿＿＿＿＿＿＿＿＿＿＿＿＿＿＿＿＿

（3）＿＿＿＿＿＿＿＿＿＿＿＿＿＿＿＿＿＿＿＿＿＿＿＿＿＿＿＿＿＿＿＿

2. 名詞 ＋によって／により＋ 文 （理由）

名詞１ ＋による＋ 名詞２

「によって／による」の前で理由や原因を表し、後ろにはその結果や状態が来る。硬い表現。

（1）＿＿＿＿＿＿＿＿＿＿＿＿＿＿＿により、人々の暮らしは便利になりました。

（2）雨により、＿＿＿＿＿＿＿＿＿＿＿＿＿＿＿＿＿＿＿＿＿＿＿＿＿＿＿

（3）＿＿＿＿＿＿＿＿＿＿＿＿＿＿＿＿＿＿＿＿＿＿＿＿＿＿＿＿＿＿＿＿

「 名詞 ＋により」の他の用法のまとめ

「 名詞１ ＋によって／により＋ 文 」「 名詞１ ＋による＋ 名詞２ 」の意味をまとめましょう。

①理由・原因：「 名詞１ が原因で（〜という結果・状態になった）」という意味を表す。

例）事故によって（により）、電車が遅れています。

　　事故による電車の遅れが出ています。

②手段：何かをする時に使う手段や方法を表す。

　　　　日常生活で使う道具については使わない。日常生活で使うものは、「〜で」を使う。

例）成績によって（により）、クラス分けを行います。

　　成績によるクラス分けが行われます。

③受身文の動作主：受身文で使われ、動作をする人を表す。

例）『源氏物語』は紫式部によって（により）書かれました。

　　ダイナマイトはノーベルによる発明品だ。

④異なる状況：「それぞれの場所、状況ごとに違う、変わる」という意味を表す。

例）国によって（により）習慣が異なります。

　　国による習慣の違いを理解する。

3. 文（普通体）＋一方（で）

「一方で」の前と後ろで、２つのことがらを対比して述べる時に使う。２つの異なることがらを比べる場合や、１つのことがらについて２つの異なることを述べる場合に使う。

　　＊文が「ナ形容詞だ」で終わる時は、「〜だ→〜な／である」となり、「名詞だ」で終わる時は、「〜だ→〜である」となる。

（１）クラブ活動は楽しい一方で、＿＿＿＿＿＿＿＿＿＿＿＿＿＿＿＿＿＿＿＿＿＿＿

（２）都会に住みたがる人がいる一方で、＿＿＿＿＿＿＿＿＿＿＿＿＿＿＿＿＿＿＿＿

（３）＿＿＿＿＿＿＿＿＿＿＿＿＿＿＿＿＿＿＿＿＿＿＿＿＿＿＿＿＿＿＿＿＿＿＿＿＿

4. 名詞＋に反して

「〜とは逆に」「〜とは反対に」という意味で、「名詞とは反対の結果や状態になる／なったこと」を表す。

（１）野球の国際試合は、＿＿＿＿＿＿＿＿＿＿＿＿＿＿＿＿に反して３−０で負けた。

（２）予想に反して、＿＿＿＿＿＿＿＿＿＿＿＿＿＿＿＿＿＿＿＿＿＿＿＿＿＿＿＿＿＿

（３）＿＿＿＿＿＿＿＿＿＿＿＿＿＿＿＿＿＿＿＿＿＿＿＿＿＿＿＿＿＿＿＿＿＿＿＿＿

🖐️　「反面」「〜一方」「〜に反して」の違い

◇〜反面：一つのことについて、いい点と悪い点の二つの面があることを表す。

例）携帯電話は便利な反面、トラブルの原因にもなっている。〇

　　都会で快適に暮らす人がいる反面、田舎でゆっくり暮らす人もいる。×

◇〜一方：二つのことを対比して述べる。

　　　　　一つのことについていい点と悪い点があることも表す。

例）携帯電話は便利な一方、トラブルの原因にもなっている。〇

　　都会で快適に暮らす人がいる一方、田舎でゆっくり暮らす人もいる。〇

◇〜に反して：「〜と逆に」という意味で、前の名詞とは反対の結果や状態になることを表す。

例）彼は親の期待に反して、医者になるのをやめて海外に行ってしまった。〇

---

5. 名詞 ＋にもとづいて＋ 文

　　名詞1 ＋にもとづいた＋ 名詞2

「～を判断の基準にして」という意味を表す。

（1）＿＿＿＿＿＿＿＿＿＿＿＿＿＿＿＿＿＿＿にもとづいて、レポートを書きます。

（2）事実にもとづいて、＿＿＿＿＿＿＿＿＿＿＿＿＿＿＿＿＿＿＿＿＿＿＿

（3）＿＿＿＿＿＿＿＿＿＿＿＿＿＿＿＿＿＿＿＿＿＿＿＿＿＿＿＿＿＿＿＿

6. 名詞1 ＋をはじめ＋ 名詞2、名詞3

名詞1 を代表的な例として挙げ、その後に続けて 名詞2 、 名詞3 を例に挙げる。

（1）＿＿＿＿＿＿＿をはじめ、納豆やすしなど日本料理には健康的な食べ物がたくさんある。

（2）サッカーをはじめ、＿＿＿＿＿＿＿＿＿＿＿＿＿＿＿＿＿＿＿＿＿＿＿

（3）＿＿＿＿＿＿＿＿＿＿＿＿＿＿＿＿＿＿＿＿＿＿＿＿＿＿＿＿＿＿＿＿

6

内容理解

１．本文を読んで、正しい文に○、間違っている文に×を書きなさい。

（１）ノーベル賞の授与は 100 年以上続いています。　　　　　　　（　　　）

（２）ノーベルはダイナマイトと地雷を発明し、大成功を収めました。（　　　）

（３）ノーベルはダイナマイトを工事に活用した人をたたえたいと考えました。（　　　）

（４）ノーベル賞はノーベルが人類の進歩と平和に貢献したことを記念して作られました。

　　　　　　　　　　　　　　　　　　　　　　　　　　　　　　　（　　　）

（５）ノーベル賞は個人の研究者しか受賞することができません。　（　　　）

（６）日本ではまだ物理学賞を受賞した人はいません。　　　　　　（　　　）

（７）過去に経験したことのない問題を解決するために、新しい発見や発想の転換が求められます。　　　　　　　　　　　　　　　　　　　　　　　　（　　　）

（８）偶然のチャンスを生かすためには努力と謙虚さが必要です。　（　　　）

２．本文を読んで、次の質問に答えなさい。

（１）ノーベル賞にはどんな賞がありますか。

（２）ノーベル賞はどんな人に贈られますか。その基準を説明しているところを１か所探して抜き出しなさい。

（３）ダイナマイトはどんなことに使われましたか。本文に書かれていることがらを２つ抜き出して答えなさい。

　　　・

　　　・

（４）なぜノーベルは「ダイナマイト王」と呼ばれましたか。

（５）なぜノーベルは「死の商人」と呼ばれましたか。

（6）ノーベル賞はなぜ作られましたか。

（7）「セレンディピティ」とはどういう力ですか。（a）〜（d）から1つ選びなさい。
    （a）人類の進歩と世界の平和のために貢献する力
    （b）努力をして何事にも一生懸命に取り組む力
    （c）さまざまなことがらに興味を持ち、視野を広げる力
    （d）偶然に思いがけないものを発見する力

（8）鈴木章氏は、チャンスを生かすためには何が必要だと言っていますか。3つ書きなさい。

    ・

    ・

    ・

6

（9）下の①〜⑧に適切な言葉や数字を入れて、次の年表をまとめなさい。

年	ノーベルの年齢	できごと
（①　　　　　）年	0歳	（②　　　　　　　　　　　　）で誕生した
（③　　　　　）年	30歳	（④　　　　　　　　　　　）を用いた爆薬を商品化した
（⑤　　　　　）年	31歳	工場で爆発事故が起こり、弟と助手5人が亡くなった
1866年	33歳	（⑥　　　　　　　　　　　）を発明した
1867年	34歳	（　⑥　）の特許を取得した
（⑦　　　　　）年	63歳	亡くなった
（⑧　　　　　）年		最初のノーベル賞が授与された

（10）次の表は過去のノーベル賞受賞者についてまとめたものです。（①）～（⑩）に入る適切な言葉を次の◻️の中から選びなさい。同じ言葉を選んでもかまいません。

> マーティン・ルーサー・キング・ジュニア　　アルベルト・アインシュタイン　　DNA
> iPS細胞　　放射線　　生理学・医学　　平和　　物理学　　文学　　化学

受賞者	分野	
1．マリー・キュリー	物理学賞（1903年） 化学賞（1911年）	（①　　　　　　　　　　）の研究をした
2．（②　　　　　　　　）	物理学賞（1921年）	光電効果の法則を発見した
3．アーネスト・ヘミングウェイ	（③　　　　　）賞 （1954年）	アメリカの小説家で、『老人と海』『日はまた昇る』『武器よさらば』など独特でシンプルな文体で20世紀の文学界に影響を与えた
4．ジェームズ・ワトソン フランシス・クリック モーリス・ウィルキンス	生理学・医学賞 （1962年）	（④　　　　　　　　　）の二重らせん構造を発見した
5．（⑤　　　　　　　　）	平和賞（1964年）	プロテスタントの牧師でアフリカ系アメリカ人の公民権運動の指導者として活動した
6．マララ・ユスフザイ	（⑥　　　　　）賞 （2014年）	女性が教育を受ける権利を訴えた
7．湯川秀樹	（⑦　　　　　）賞 （1949年）	中間子の存在についての研究をした
8．大江健三郎	（⑧　　　　　）賞 （1994年）	『懐かしい年への手紙』『燃えあがる緑の木』など詩的な想像力によって、現実と神話が密接に凝縮された想像の世界を描いた
9．根岸英一 鈴木章	（⑨　　　　　）賞 （2010年）	有機化合物を効率的に結びつける技術「クロスカップリング反応」を発明した
10．山中伸弥	生理学・医学賞 （2012年）	皮膚や血液などの体細胞をさまざまな組織の細胞に分化できる（⑩　　　　　　　）の作製に成功した

活動 伝記を書く

活動のポイント

・さまざまな賞と賞を受賞した人、または映画や歌といった作品について、インターネット、新聞、本で詳しく調べる
・賞を受賞した人の人生または映画や歌などの作品について、わかりやすくまとめる
・写真やイラストなどを使って、伝記を本の形に製本して、図書室に置く

活動の流れ

1. 受賞した人や作品について調べる

　① さまざまな賞を調べる
　　＊「アカデミー賞」「ピューリッツァー賞」「グラミー賞」など、「ノーベル賞」以外の賞について調べてもいいです。
　② 受賞した人あるいは作品を選ぶ
　③ 本やインターネットでその人や作品について調べる
　④ ＜リサーチシート＞に情報をまとめる

2. 伝記を書く

　① ＜リサーチシート＞をもとに、受賞した人の伝記、あるいは作品の紹介を書く
　② 先生にチェックしてもらう
　③ 清書する
　　＊白い紙に縦書きで書き直す。
　　＊写真や絵を入れるところをあけておく。
　④ 絵や写真などを入れる
　⑤ 縦書きの紙を半分に折って、表紙をつけて、右端をステープラーでとめて、本の形にする

〈作文〉
半分に折って重ねる

〈表紙〉
作文をはさみこんでステープラーでとめる

縦書き↓

名前

3. 図書室に置く

　① クラスで作品を読み合う
　② 本の帯を作る
　　＊「帯」とは本につけて作品を紹介するもの。自分以外の作品の帯を作る。
　③ 製本した本を図書室に並べて、いろいろな人に読んでもらえるようにする
　④ コメントボックスを置いて、読んだ人から意見をもらう

◆賞を受賞した人や作品について調べましょう。

＜リサーチシート＞

①どの賞について調べましたか	
②だれが／何が受賞しましたか	
③いつ生まれましたか 　いつ／だれに作られましたか 　いつの時代の人ですか 　どんな時代ですか	
④その人は、どんな人生を送りましたか	
⑤その人はどんなことをして賞を受賞しましたか 　その作品のどんなところが評価されましたか	
⑥その人（その作品を作った人）は、いつ亡くなりましたか。何歳でしたか	
⑦あなたはその人のどんなところを尊敬しますか 　その作品のどんなところが素晴らしいと思いますか	
⑧その他、気づいたこと 　（その人が残した有名な言葉など）	

<伝記・作品紹介作文シート>

　下の文は伝記をまとめる（作品を紹介する）ための基本的な作文の構成です。＜リサーチシート＞を見ながら、下線部に言葉を入れなさい。その後、作文用紙に全部書き写しましょう。自分で作文が書ける人は、自分で内容をまとめて、作文を書いてもいいです。

伝記・作品紹介作文サンプルフォーム

は じ め に	＿＿＿＿＿＿＿＿＿は、＿＿＿＿年、＿＿＿＿＿＿＿で生まれました。 （受賞者の名前）　　（生まれた年）　　　　（場所） ＿＿＿＿＿＿として有名です。世界を代表する＿＿＿＿＿＿＿＿です。 （あだ名など）　　　　　　　　　　　　　（職業） 　実は＿＿＿＿＿＿なのです。この人は＿＿＿＿＿＿で、 （リサーチをして新しく気づいたことなど）　　（研究・作品・活動など） ＿＿＿＿年に＿＿＿＿＿＿＿＿＿を受賞しました。 （賞をとった年）　　　（賞の名前） ＿＿＿＿＿＿で初めて＿＿＿＿＿＿＿となりました。 （国、性別、場所など）　　　（実現したこと）
な か	父は＿＿＿＿＿＿＿で、母は＿＿＿＿＿＿。 （父親の国籍、仕事など）　　　（母親の国籍、仕事など） ＿＿＿＿＿＿は幼少のころから＿＿＿＿＿＿＿。 （受賞者）　　　　　　　　（子どものころの様子） ＿＿＿＿年＿＿＿＿＿＿＿＿。 （何かがあった年）　　　　（できごと） ＿＿＿＿年＿＿＿＿＿＿＿受賞しました。 （賞をとった年）　　　（賞の名前）
お わ り	こうして＿＿＿＿＿＿＿＿＿。 （可能になったこと） ＿＿＿＿＿＿のおかげで、今日＿＿＿＿＿＿ようになります。 （受賞者）　　　　　　　　（可能になったこと） ＿＿＿＿＿＿は、＿＿＿＿のため＿＿＿歳で亡くなりました。 （受賞者）　　（亡くなった理由）　（亡くなった年齢）

> 1. 伝記または作品の紹介文を作文用紙に600〜1500字くらいでまとめましょう。
>   提出日は＿＿＿＿月＿＿＿＿日（＿＿＿＿）です。
> 2. 白い紙に書き直して、製本しましょう。
>   製本して完成させる日は＿＿＿＿月＿＿＿＿日（＿＿＿＿）です。

6

●紹介する

・〜として〜　　　　　　　・〜で初めて〜　　　・〜年に〜を受賞しました

●時代背景を述べる

・当時〜は〜でした　　　・そのころ〜でした

●事実を述べる（物語風）

・〜ことになりました　　・〜のでした　　　　　・〜てしまいました

・〜ことになってしまいました

伝記・作品紹介作文例

は じ め に	マリー・キュリーは、1867年11月7日に現在のポーランドで生まれました。本名はマリア・スクウォドフスカ・キュリーと言います。キュリー夫人として知られています。世界を代表する物理学者であり科学者です。「radioactivity（放射能）」という用語は彼女の発案だと言われています。この放射能の研究で、1903年にノーベル物理学賞を受賞し、さらに1911年にノーベル化学賞を受賞しました。彼女は女性初のノーベル賞受賞者であり、またノーベル賞を2度受賞した最初の人物です。
な か	マリアの父は物理の教師で、母は女学校の校長をしていました。マリアは5人兄弟の末っ子で、幼少のころから勉強と読書が大好きで、記憶力もよく、とても優秀な子どもでした。マリアと兄弟たちは気候や自然、科学や算数、ポーランドの歴史、外国語などを習い、充実した子ども時代を過ごしました。 　しかし当時のポーランドは帝政ロシアに併合されていて、とても厳しく監視されていました。ある日突然、マリアの父親は、ポーランドの独立を望んでいるという理由で、働いていた学校を辞めさせられました。さらに母と姉の一人を病気で亡くし、マリアは悲しみに暮れました。 　マリアは住み込みの家庭教師をしながら、勉強を教える合間に本を読み、科学を勉強していました。そしてマリアは家庭教師をしている家の長男と恋をし、結婚を考えるようになりましたが、当時家庭教師は身分が低く、マリアの実家も裕福ではなかったため、相手の両親に結婚を反対されました。結局、別れることになり、マリアは深く傷つき、1890年フランスにいる姉のもとへ行きました。 　マリアは名前をマリーに変え、フランスのソルボンヌ大学に進学し、物理学を学びました。マリーは毎日時間を惜しんで勉強し、研究に打ち込み、1893年物理学の学位を取得しました。さらに、奨学金をもらい、翌年数学の学位も取得しました。卒業後マリーが磁気の研究をしているころに知人から研究者のピエール・キュリーを紹介されました。二人は結婚し、力をあわせ、たくさんの研究を行いました。

6

な か	マリーはウラン鉱石から未知の元素を発見し、その謎の元素を「ポロニウム」と「ラジウム」と命名しました。そして、1903年に放射能に関する論文で物理学の博士号を取り、フランス初の女性物理学博士になりました。その年にノーベル物理学賞を受賞しました。しかし、その2年半後に最愛の夫を事故で亡くしてしまいました。深い悲しみの中、それでも研究をあきらめず、1911年にさらにノーベル化学賞を受賞しました。しかし、当時、放射線が人体に与える影響は認められておらず、マリーは長い年月の間、大量の放射線を浴びたことで、病に倒れます。そして1934年66歳で息を引き取りました。
お わ り	マリーの功績のおかげで、科学の道は大きく開かれました。放射線は、現在ではがんの治療や病気の診断、発電などに使われています。マリーは祖国の状況や家族の病気、夫の死、女性であることへの差別など、大きな困難に何度も直面しましたが、決してあきらめず、科学を信じ、進歩を信じて努力を続けてきました。マリーの努力を惜しまない生き方は、娘イレーヌにも受け継がれ、マリーと同じように人工放射能の研究でノーベル化学賞を受賞しています。

6

トピック

7

体と健康
けんこう

私たちが生きていく上で、健康はとても大切で
わたし　　　　　　　　　　　　　　けんこう
す。医学の発展によって解明されてきた生物の
　　　　　　はってん　　　　　かいめい
細胞の仕組みを学び、健康な体作りに必要な生
さいぼう　　　　　　　　　　けんこう　　　　　　ひつよう　せい
活習慣について考えましょう。
かつしゅうかん

はじめに

◆次の質問_{しつもん}に答えましょう。

1．人間_{にんげん}はいくつの細胞_{さいぼう}からできていますか。
　　（a）約_{やく}20万個_こ　　（b）約_{やく}3500万個_こ　　（c）約_{やく}10億個_{おくこ}　　（d）約_{やく}60兆個_{ちょうこ}

2．人間_{にんげん}の細胞_{さいぼう}の基本_{きほん}となる形はどんな形ですか。
　　（a）五角　　（b）三角　　（c）円　　（d）球

3．人間_{にんげん}の体にはいくつ骨_{ほね}がありますか。
　　（a）約_{やく}30個_こ　　（b）約_{やく}120個_こ　　（c）約_{やく}200個_こ　　（d）約_{やく}400個_こ

4．血液_{けつえき}は体の中を循環_{じゅんかん}しています。血液_{けつえき}を送り出す働_{はたら}きをするところはどこですか。
　　（a）肝臓_{かんぞう}　　（b）腎臓_{じんぞう}　　（c）心臓_{しんぞう}　　（d）脳_{のう}

5．血液_{けつえき}は主に4つの成分_{せいぶん}でできています。それぞれの働_{はたら}きを線で結_{むす}びなさい。

　　（1）赤血球　・　　　・（a）ケガなどによって血管_{けっかん}が切れて出血した際_{さい}に、固_{かた}まって出血を止める

　　（2）白血球　・　　　・（b）体内に入ってきた細菌_{さいきん}や病原菌_{びょうげんきん}を退治_{たいじ}して、体の環境_{かんきょう}を守る

　　（3）血小板　・　　　・（c）体に必要_{ひつよう}な栄養分_{えいようぶん}や体で不要_{ふよう}となった老廃物_{ろうはいぶつ}などを運搬_{うんぱん}する

　　（4）血しょう・　　　・（d）ヘモグロビンが含_{ふく}まれていて、酸素_{さんそ}を呼吸器_{こきゅうき}から全身へ運搬_{うんぱん}する

6．人間_{にんげん}の大腸_{だいちょう}の長さは何cmですか。
　　（a）約_{やく}30cm　　（b）約_{やく}80cm　　（c）約_{やく}150cm　　（d）約_{やく}200cm

7．人間_{にんげん}の体は何％が水分ですか。
　　（a）約_{やく}10%　　（b）約_{やく}30%　　（c）約_{やく}60%　　（d）約_{やく}90%

リスニング

◆リスニング用のスクリプトがあります。(p.228)

「体と健康＜リスニング用＞」を聞いて、質問に答えましょう。

＜１回目＞

１．正しい文に○、間違っている文に×を書きましょう。

（１）ロボットは人間よりも複雑に作られています。　　　　　　　　　　　（　　　　　）

（２）医学の発達で、人間の体のなぞはすべて解明されました。　　　　　　（　　　　　）

（３）私たちの体の細胞は、もともと小さな一つの細胞でした。　　　　　　（　　　　　）

（４）私たちの体の中には、毎日休むことなく動く器官があります。　　　　（　　　　　）

（５）病気になると、ウイルスが体を治すために働きます。　　　　　　　　（　　　　　）

＜２回目＞

２．もう一度聞いて、次の（　　　　　）に入る言葉書き入なさい。

　　人間とロボットと、どちらが精密に作られていますか。実は人間の体は、どんな機械よりも複雑に作られています。人間の体にはまだたくさんの（①　　　　　　　）があり、現代の医学でもわからないことがあります。

　　私たちの体は、父親と母親から受け継いだ（②　　　　　　　）にもとづいて作られています。最初に受精卵と呼ばれる一つの小さな細胞が作られ、細胞（③　　　　　　　）を繰り返します。そして、同じ種類の細胞が集まって組織を作り、いくつかの組織が集まって、ある特定の働きを持つ神経や（④　　　　　　　）を形成していきます。そうして作られたのが、（⑤　　　　　　　）、肝臓、腎臓、脳、胃、小腸、大腸といった（　④　）です。

　　私たちの体には手や足のように、動かそうという意思で動く（　④　）もあれば、心臓や胃、腎臓、腸のように、私たちの意思と関係なく、毎日休まず働き続ける（　④　）もあります。それらの働きのおかげで、私たちは生きることができます。さらに、細菌や（⑥　　　　　　　）が私たちの体の中に入ると、それを見つけ出して体の外に出そうとします。そして、病気になればその病気を治そうとします。ところが、寝不足や（⑦　　　　　　　）不足だと、細菌や（　⑥　）から身を守る（⑧　　　　　　　）機能が十分に働かず、病気になってしまいます。いつまでも健康でいるためには、筋肉や細胞が活動しやすいように、（　⑦　）バランスのいい食事をとること、（⑨　　　　　　　）な運動をすること、きちんと（⑩　　　　　　　）をとること、ストレスをためないことが大切です。

*音声は https://www.3anet.co.jp/np/books/3936/ で聞いてください。

本文

　人間の体はどんな機械よりも複雑に作られています。多くの科学者がロボットの研究と開発に取り組んでいますが、まだ人間のような複雑な動きをするロボットを作ることはできません。実は人間の体に関するなぞは多く、現代の医学や科学でもまだ解明されていません。

　人間の体はおよそ60兆個の細胞からできています。私たちは一人ずつ違う個性を持っていますが、これは持っている遺伝子が異なるからです。この遺伝子の本体はDNA（デオキシリボ核酸）と呼ばれるもので、ヒトをはじめとする生物のDNAは、A（アデニン）、T（チミン）、G（グアニン）、C（シトシン）の4種類の塩基とリン酸、糖の一種であるデオキシリボースからできています。DNAはAとT、GとCの塩基がそれぞれ結合し、はしごをねじったような二重のらせん状の形をしています。このDNAにはたくさんの情報が組み込まれており、私たちの体の遺伝情報の設計図となります。

　DNAはとても小さく、顕微鏡でも見ることはできません。この小さなDNAが折りたたまれてかたまりになったものを染色体と呼び、この数は生物の種類によって異なります。ヒトの場合、染色体は46本（23対）あります。基本的に染色体の数は、どの生物も2の倍数になります。これは、母親と父親から1本ずつ染色体を受け継ぐからです。卵子と精子が受精すると、受精卵と呼ばれる1つの細胞を作ります。そして、その細胞の核の中にある染色体が2つに分かれ、細胞が2つになります。こうして、どんどん同じDNAを持つ細胞が分裂し、細胞が増えていきます。私たちの体は細胞一つ一つが作り上げた奇跡ともいえるでしょう。地球上の生物は、それぞれ異なったDNAを持ち、このDNAの違いが生物の多様性を生み出しているというわけです。

　DNAの情報にもとづいて、1つだった細胞が分裂して筋肉や神経などの特化した細胞を作り上げていきます。そして、同じ種類の細胞が集まって組織を作り、いくつかの組織が集まってある特定の役割を持つ細胞や神経、器官を形成していきます。そうして、心臓、肝臓、腎臓、脳、胃、小腸、大腸、皮膚、筋肉、血液、骨、神経細胞などが作られます。脳は体からの情報を受け、心と体をコントロールします。神経細胞によって体の感覚が脳に伝えられ、脳から出された指示が筋肉に伝えられることで、手足などの体の部位が動き

ます。皮膚は体の中と外を分ける働きを持ち、いろいろな外部の攻撃から体を守ります。また、私たちの体には、私たち自身の意思とは関係なく働く器官があります。例えば、肝臓は体の中で必要な物質を作り出したり、不要な物質や毒物を分解したりしています。胃は私たちが食べたものを殺菌、液化し、少しずつ十二指腸へ送ります。そこで分泌された消化液が、さらに炭水化物、たんぱく質、脂質に分解します。その後、小腸が栄養を吸収し、残りのものを大腸に送ります。大腸は、その中にある大腸菌、乳酸菌、ビフィズス菌などによってたんぱく質を分解し、分解の過程でできたビタミンと水分を吸収します。また、全身を巡る血液の中にある白血球は、体の中に入ってきた細菌を追い出そうとします。このように私たちの体は見えないところで複雑な働きをしているのです。

　ところが、これらの器官を作っている細胞には寿命があります。驚くことに、死んでいく細胞は一秒間に5000万個と言われています。しかし細胞が死んでも、私たちの体がなくならないのは、常に新しい細胞が作られているからです。腸の細胞は1〜2日間、体に酸素や栄養を運ぶ赤血球の細胞は120日間で生まれ変わると言われています。

　しかし、細胞がきちんと再生されないと病気になります。例えば、タバコに含まれるタールは健康な細胞をがん細胞に変化させます。また、お酒を飲むと、酵素の作用により体内でアルコールが分解されます。その際に出る活性酸素が、DNAを傷つけたり、傷ついたDNAの修復を妨げたりして、がんを発症させます。

　健康な体を保つためには、日ごろから生活習慣に気をつけることが重要です。若いころには何も問題がなくても、40歳を過ぎると偏った食事、運動不足、喫煙、飲酒、睡眠不足など日々の生活習慣が原因で、がんや高血圧といった生活習慣病になる人が増えています。病気になって初めて健康の大切さを知ることもあるはずです。健康であるに越したことはありません。普段から栄養バランスのいい食生活を心がけること、適度な運動をすること、きちんと睡眠を取ること、ストレスをためないといった習慣を心がけることで、ウイルスや細菌から身を守る免疫機能が十分に働き、病気の予防につながります。健康であってこそ楽しい生活を送ることができるのです。

7

言葉リスト

◆次の言葉の読み方を書きなさい。わからない言葉の意味を調べましょう。

言葉	読み方	意味
機械		
複雑な		
解明する		
細胞		
個性		
遺伝子		
種類		
結合する		
らせん状		
設計図		
顕微鏡		
染色体		
受精する		
分裂する		
奇跡		
多様性		
筋肉		
神経		
特化する		
組織		
役割		
器官		

形成する		
感覚		
指示		
攻撃		
意思		
物質		
不要な		
毒物		
分解		
殺菌		
液化する		
分泌する		
消化		
炭水化物		
たんぱく質		
脂質		
栄養		
吸収する		
巡る		
寿命		
再生する		
健康な		
酵素		
作用		
修復		

7

妨げる		
発症する		
保つ		
習慣		
偏る		
喫煙		
適度な		
免疫		
予防		

7

漢字言葉学習

1．次の漢字の読み方を書きなさい。

（1）健康な 　（　　　　　　）　　　（2）細胞 　（　　　　　　）

（3）遺伝子 　（　　　　　　）　　　（4）染色体 　（　　　　　　）

（5）分裂する 　（　　　　　　）　　　（6）多様性 　（　　　　　　）

（7）組織 　（　　　　　　）　　　（8）役割 　（　　　　　　）

（9）器官 　（　　　　　　）　　　（10）血液 　（　　　　　　）

（11）物質 　（　　　　　　）　　　（12）分解 　（　　　　　　）

（13）栄養 　（　　　　　　）　　　（14）寿命 　（　　　　　　）

（15）作用 　（　　　　　　）　　　（16）妨げる 　（　　　　　　）

（17）保つ 　（　　　　　　）　　　（18）生活習慣 　（　　　　　　）

（19）偏る 　（　　　　　　）　　　（20）予防 　（　　　　　　）

2．次は何の言葉を説明(せつめい)していますか。本文の中から見つけなさい。

（1）私(わたし)たちの体を作っている小さな単位(たんい) 　　　（　　　　　　）

（2）染色体(せんしょくたい)の中にあり、体の情報(じょうほう)を親から子へ伝(つた)えるもの 　（　　　　　　）

（3）いろいろな種類(しゅるい)があること 　　　（　　　　　　）

（4）ミネラル、ビタミン、たんぱく質(しつ)など体に必要(ひつよう)なもの 　（　　　　　　）

（5）病気にならないように事前に防(ふせ)ぐこと 　　　（　　　　　　）

文法学習

1. 名詞 ＋に関して＋ 文

名詞1 ＋に関する＋ 名詞2

「〜に関係して」という意味を表す。「ついて」より改まった言い方で、書き言葉などで使われる。

（1）私は大学で＿＿＿＿＿＿＿＿＿＿＿＿＿＿＿＿に関して研究したいと思います。

（2）日本の文化に関する＿＿＿＿＿＿＿＿＿＿＿＿＿＿＿＿＿＿＿

（3）＿＿＿＿＿＿＿＿＿＿＿＿＿＿＿＿＿＿＿＿＿＿＿＿＿＿＿＿＿

2. イ形容詞 ＋ことに…

ナ形容詞 ＋（　　　）＋ことに…

動詞（　　　　形・　　　形）＋ことに…

「…のは（〜という気持ちだ）」のように後ろに続く文に対する話し手の気持ちを述べる。「ことに」の前には「うれしい、悔しい、残念、困った、驚いた」などの言葉がよく使われる。書き言葉などの改まった表現として使われる。

（1）うれしいことに、＿＿＿＿＿＿＿＿＿＿＿＿＿＿＿＿＿＿＿＿＿

（2）＿＿＿＿＿＿＿＿＿＿＿＿＿＿＿＿＿ことに、500年前に書かれた手紙が発見された。

（3）＿＿＿＿＿＿＿＿＿＿＿＿＿＿＿＿＿＿＿＿＿＿＿＿＿＿＿＿＿

3. 文（普通体）＋はずだ

ある状況に対して、話し手が「当然〜」と推測した内容を表す。

　＊文が「ナ形容詞だ」で終わる時は、「〜だ→〜な／である」となり、「名詞だ」で終わる時は、「〜だ→〜の／である」となる。

（1）今日のクラブのミーティングで3年生が引退する。きっと＿＿＿＿＿＿＿はずだ。

（2）今日は雨が降っているから、＿＿＿＿＿＿＿＿＿＿＿＿＿＿＿＿はずだ。

（3）＿＿＿＿＿＿＿＿＿＿＿＿＿＿＿＿＿＿＿＿＿＿＿＿＿＿＿＿＿

4. 名詞 ＋である＋に越したことはない

　　イ形容詞（〜い）＋に越したことはない

　　ナ形容詞（な→である）＋に越したことはない

　　動詞（　　　　　形・　　　　　形）＋に越したことはない

常識から考えて、「〜したほうがいい」と言う時に使う。

（1）暑い日は＿＿＿＿＿＿＿＿＿＿＿＿＿＿＿＿＿＿＿＿＿に越したことはない。

（2）今雨は降っていないが、＿＿＿＿＿＿＿＿＿＿＿＿＿＿＿＿＿＿＿

（3）＿＿＿＿＿＿＿＿＿＿＿＿＿＿＿＿＿＿＿＿＿＿＿＿＿＿＿＿＿＿

5. 動詞（　　　　　形）＋こそ…

「〜して、はじめて…ができるんだ」「…をするためには、〜をしなければいけない」という意味で、後ろが成立するために 動詞 の部分が必要な条件であることを強調する。

（1）みんなで一緒に力を合わせてこそ、＿＿＿＿＿＿＿＿＿＿＿＿＿＿＿

（2）＿＿＿＿＿＿＿＿＿＿＿＿＿＿＿＿＿＿＿＿＿こそ、夢がかなう。

（3）＿＿＿＿＿＿＿＿＿＿＿＿＿＿＿＿＿＿＿＿＿＿＿＿＿＿＿＿＿＿＿

7

内容理解

１．本文を読んで、正しい文に○、間違っている文に×を書きなさい。

（１）人間の体は約 60 兆個の DNA からできています。 （　　　）

（２）生物の種類が同じであれば DNA の情報も同じです。 （　　　）

（３）染色体は、DNA が折りたたまれてかたまりになったものです。 （　　　）

（４）染色体の数は生物の種類によって違います。 （　　　）

（５）私たちの体の器官はすべて私たちの意思で動かすことができます。 （　　　）

（６）人間の血液や脳の細胞は、生まれた時からずっと同じ細胞が生き続けています。

（　　　）

（７）タバコやアルコールはがんを発症させる原因になります。 （　　　）

（８）体の健康は毎日の生活習慣と関係があります。 （　　　）

２．本文を読んで、次の質問に答えなさい。

（１）人間の体はいくつの細胞からできていますか。漢字を使わずに書きなさい。

およそ＿＿＿＿＿＿＿＿＿＿＿＿＿＿＿＿＿＿＿＿＿＿＿＿＿＿＿＿個

（２）DNA とは何ですか。説明しなさい。

①私たちの体を作り上げるためのたくさんの＿＿＿＿＿＿＿＿＿＿＿ている。

（８文字）

②＿＿＿＿＿＿＿＿＿＿＿＿＿＿＿＿＿＿＿＿＿＿の形をしている。

（18 文字）

③４種類の＿＿＿＿＿＿、＿＿＿＿＿＿、＿＿＿＿からできている。

（２文字）　　（３文字）　　（１文字）

（３）本文に説明されている DNA の形を図で描きなさい。

（4）次の①〜⑤は本文のどの言葉について説明していますか。本文の言葉で答えなさい。

①遺伝子の本体で、遺伝情報となるデオキシリボ核酸の略称。4種類の塩基、リン酸、糖から構成される。　　　　　　　　　　　　　（　　　　　　　　　　）

②1つの細胞が2つ以上の細胞に分かれる現象。　　（　　　　　　　　　　）

③DNAを構成する成分。A,T,G,Cの4種類がある。　（　　　　　　　　　　）

④細胞の核の中に存在し、細胞分裂の時に顕微鏡で観察できる棒状の物質。DNAが折りたたまれてかたまりになったもの。　　　　　（　　　　　　　　　　）

⑤いくつかの組織が集まって形作っている部分。それぞれ特定の働きを持つ。心臓、脳、胃、皮膚などがある。　　　　　　　　　（　　　　　　　　　　）

（5）手足の筋肉と肝臓や胃といった器官はどんなところが違いますか。下線に説明を書きなさい。

手や足といった筋肉は①＿＿＿＿＿＿＿＿＿＿＿＿＿＿＿＿＿＿＿が、肝臓や胃といった

器官は②＿＿＿＿＿＿＿＿＿＿＿＿＿＿＿＿＿＿＿＿＿＿＿ところに違いがある。

（6）次の細胞や臓器はどのような働きをしていますか。本文に書かれていることをまとめなさい。

7

名称		働き
皮膚		①
神経細胞		②
筋肉		③
血	白血球	④
	赤血球	⑤
脳		⑥
肝臓		⑦
胃		⑧
十二指腸		⑨
小腸		⑩
大腸		⑪

（7）タバコやお酒はなぜ体に悪いのですか。本文の言葉を使って説明しなさい。

（8）生活習慣病にはどんな病気があり、何が原因ですか。本文から抜き出しなさい。

生活習慣病の例：

生活習慣病の原因：

（9）健康な体を保つためにどんな予防法があると本文で紹介されていますか。

（10）次の図の①〜⑩に入る言葉を選びなさい。

| 咽頭 | 胃 | 食道 | 口腔 | 大腸 |
| 肝臓 | 小腸 | 盲腸 | 虫垂 | 肛門 |

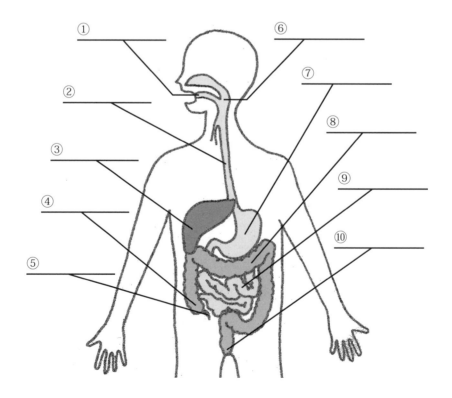

活動 ｜ アンケート

活動のポイント

・体と健康に関する質問を作り、クラスメートにアンケートをとる
・アンケートの結果をまとめ、現状を知り、体と健康のために大切なことを分析する
・協力してくれた人にアンケートの結果を伝える

活動の流れ

1. テーマを決めてアンケートを作る

① 少人数のグループを作る

② グループごとにアンケートのテーマを決める
　例：携帯電話の使用状況、食生活、ダイエット、睡眠時間、生活習慣など。

③ テーマについて聞きたい質問を各自で考える

④ グループで質問をまとめて、アンケート（Ａ４サイズ１枚）を作る
　＊アンケートの目的に合った内容の質問を考える。
　＊答えやすいように選択肢や「はい・いいえ」で答えられる質問を作る。
　＊アンケートの結果を予想してみる。

2. アンケートをとって、結果をまとめる

① クラスメートにアンケートに答えてもらうよう依頼する
　＊回答者の名前は書かなくてもよいと伝える。

② アンケートの結果をまとめて、それぞれの答えを選んだ割合（％）を計算する

③ グラフを作る

④ 結果からわかったことをグループで話し合う
　＊アンケートを作成した時の予想と同じか、どこが違うのか、なぜそのような結果になったのかなど。
　＊実施したアンケートの項目と似たような調査をインターネットで探し、結果を比較してもよい。

⑤ 作文（下書き）を書く

⑥ 先生にチェックしてもらう

⑦ もう一度作文を書き直す

⑧ 話す練習をする

3. 発表する・評価する

① グループごとにアンケートの結果を発表する

② 発表を聞き、クラスメート（および自身）の発表を評価する

＜アンケートの質問例＞

テーマ	運動に関するアンケート
質問する項目	質問例 ①普段している運動について教えてください。 　a）どんな運動をしますか。 　b）1週間に何時間ぐらい運動をしますか。（クラブ活動を含む） 　　1時間未満・1〜2時間・2〜3時間・4〜5時間・5時間以上
グラフを作る	アンケート結果の集計 結果をわかりやすく示せるタイプのグラフを選びエクセルで作成する。 ＜棒グラフ＞　　　　　　　＜折れ線グラフ＞ ＜円グラフ＞　　　　　　　＜帯グラフ＞
発表・まとめる	必ず発表すること （1）アンケートの目的 （2）「何について」「いつ」「だれに」アンケートをしたのか （3）具体的な数字 （4）アンケート結果の分析・考察 （5）自分たちの意見や感想

<アンケート結果発表シート>

　下の文はアンケートの結果をまとめて発表するための基本的な作文の構成です。アンケート結果をまとめて、下線部に言葉を入れなさい。その後、作文用紙に全部書き写しましょう。自分で作文を書ける人は、結果と考察をまとめて、作文を書いてもいいです。

アンケート結果発表サンプルフォーム

はじめに	私は＿＿＿＿＿＿＿＿＿＿＿＿＿学校の＿＿＿年＿＿＿組のクラスメートに 　　　　　（学校の名前）　　　　　　　（学年）　（組） ＿＿＿＿＿＿＿＿＿＿＿についてのアンケートをしました。今日はそのアンケー （アンケートのテーマ） トの結果とインターネットのアンケートの結果を比較して話したいと思います。
なか	まず、インターネットのアンケートでは＿＿＿＿＿＿＿＿＿＿＿でしたが、 　　　　　　　　　　　　　　　　　　（比較するアンケート結果） 私たちは＿＿＿＿＿＿＿にアンケートをしました。インターネットのアンケート 　　　　　（対象） では、＿＿＿＿＿＿＿＿＿で、＿＿＿＿＿＿＿＿＿ということでした。 　　（比較するアンケートの結果）　　（比較からわかること） 　一方、私たちが実施したアンケートの結果では、男子の間では ＿＿＿＿＿＿＿＿＿＿でした。女子の間では＿＿＿＿＿＿＿＿＿でした。 　　（アンケート結果）　　　　　　　　　（アンケート結果） ＿＿＿＿＿人中、男子と女子のそれぞれ＿＿＿＿＿人と＿＿＿＿＿人が＿＿＿＿＿＿でした。 （全体の数）　　　　　　　　　　（男子の数）（女子の数）　（アンケート結果） 　その他、＿＿＿＿＿＿＿＿＿＿＿＿＿＿＿＿ということがわかりました。 　　　　　（アンケート結果からわかること）
おわり	アンケートの結果をまとめます。インターネットのアンケートの結果では、 ＿＿＿＿＿＿＿＿＿＿ですが、私たちの学校では＿＿＿＿＿＿＿＿＿でした。 （比較するアンケート結果）　　　　　　　　　（アンケート結果） ＿＿＿＿＿＿＿＿＿＿＿＿＿＿＿がその一因であると考えられます。 　　　　　　　　　（理由） 　また、私たちの調査では、＿＿＿＿＿＿＿＿＿＿と＿＿＿＿＿＿＿＿＿の 　　　　　　　　　　　　　　　　　　　　（関連のある視点） 関係が強いことがわかりました。以上で発表を終わります。ありがとうございました。

　1．アンケートの結果と考察について、作文用紙を使ってまとめましょう。
　　　提出日は＿＿＿＿＿月＿＿＿＿＿日（　　　）です。
　2．アンケート結果は、グラフなどを使って、ポスターにまとめましょう。
　　　発表日は＿＿＿＿＿月＿＿＿＿＿日（　　　）です。

●アンケートの内容についてまとめる
・〜についてアンケートをしました　　　　　・〜について結果を報告します
・アンケートの結果についてまとめたいと思います
●アンケートの結果を報告する
・〜人中〜人の人が〜ということがわかりました
・〜で一番多かったのは〜／少なかったのは〜　　・〜という質問については〜
・全体の約〜％の人は〜
●結果を比べる
・〜では〜ですが、〜では〜でした　　　　　・〜、一方〜
●自分の意見をまとめる
・アンケートの結果をまとめると〜がわかりました　　・〜だと思いました

アンケート結果発表例

はじめに	私たちは○○高校の○年○組のクラスメートに運動についてのアンケートをしました。今日はそのアンケートの結果とインターネットのアンケートの結果を比較して話したいと思います。インターネットのアンケートは20歳以上の人が対象でした。
なか	まず、人気のあるスポーツについてですが、インターネットのアンケートでは、男性と女性のどちらもウォーキングが一番人気でした。ウォーキングは道具も場所も関係ないので20歳以上の人に人気があるのだと思いました。 　一方、私たちが実施したアンケートの結果では、運動部に入っているクラブのスポーツをしている人が多かったです。男子の間ではサッカーが一番人気でした。女子の間ではバレーボールとソフトボールが人気でした。 　次に、運動の時間ですが、週に5時間以上の人のうち、56%が運動部に入っていました。また、1時間未満と答えた人のうち、運動部に入っていない人の割合は、全体の80%でした。
おわり	アンケートの結果をまとめます。インターネットのアンケートの結果では、ウォーキングやボーリング、体操が人気でしたが、私たちの学校ではサッカーやバレーボール、ソフトボールが人気でした。学校には広いグラウンドや体育館があり、クラブ活動でいろいろなスポーツができることがその一因であると考えられます。また、私たちの調査では、運動時間とクラブ活動の関係が強いこともわかりました。以上で発表を終わります。ありがとうございました。

トピック

8

ボランティア
活動

世界には困っている人を助けたいと思い、行動
する人がたくさんいます。ボランティア活動を
通し、社会や人のためにできることを考えて行動
することは、社会や人の役に立つだけではなく、
自分が成長できるきっかけにもなるでしょう。

はじめに

◆次の質問に答えましょう。

1．英語の volunteer という単語は、もともと voluntas という「自由意志」を表す言葉が由来になっていますが、voluntas は何語ですか。

（a）ラテン語　　（b）ドイツ語　　（c）スペイン語　　（d）ギリシャ語

2．ボランティア活動には 4 つの原則があると言われています。次の□に入る漢字を選びなさい。

①自主性・主□性　　②社会性・□帯性　　③□償性・無給性

④創□性・開拓性・先駆性

（a）無　　（b）体　　（c）造　　（d）連

3．日本で 1995 年 12 月に制定された「防災とボランティアの日」は、次のうちいつですか。

（a）1 月 17 日　　（b）3 月 9 日　　（c）5 月 1 日　　（d）12 月 5 日

4．国連で制定された「国際ボランティアデー」は、いつですか。

（a）2 月 14 日　　（b）6 月 1 日　　（c）9 月 17 日　　（d）12 月 5 日

5．NPO という言葉は、日本語で次のどの意味ですか。

（a）非政府組織　　（b）社会福祉法人　　（c）非営利団体
（d）日本ボランティア協会

6．「セーブ・ザ・チルドレン・ジャパン」「日本赤十字社」「日本ユネスコ協会連盟」などの組織は NGO と言います。NGO という言葉は英語で何の略ですか。また、日本語では何と訳されますか。

英語：

日本語：

7．個人がボランティア活動を支える活動の一つとして募金活動がありますが、次の募金は何のために行われる募金活動ですか。

①赤い羽根共同募金　　②緑の募金　　③青い羽根募金

（a）国内の森林整備や森林環境教育、海外の緑化支援
（b）高齢者、障害者、子どもたちへの地域の福祉活動の支援
（c）海難事故の救助活動にあたる救助員の支援

リスニング

◆リスニング用のスクリプトがあります。(p.228)

「ボランティア活動＜リスニング用＞」を聞いて、質問に答えましょう。

＜1回目＞

1．正しい文に○、間違っている文に×を書きましょう。

（1）ボランティア活動は日本で生まれました。 （　　　）

（2）ジャパンハートは、世界の人に平等に医療を届ける支援をしています。（　　　）

（3）さまざまな方法で医療を届けるボランティア活動が行われています。（　　　）

（4）ボランティアは特別な資格がないとすることができません。 （　　　）

（5）ボランティア活動は、ボランティアをする人にとっても、される人にとっても、いい
　　　ことです。 （　　　）

＜2回目＞

2．もう一度聞いて、次の（　　　　　）に入る言葉書き入れなさい。

　日本語の「ボランティア」という言葉は英語の volunteer をカタカナで表したものです。今日では「自分の意志で社会のために（①　　　　　　　）する人」という意味で「ボランティア」という言葉が使われ、さまざまな方法でボランティア活動が行われています。

　現在でも世界ではさまざまな（②　　　　　　　）や紛争、戦争が起こっています。そのような環境にいる人を助けるために、世界中の人が（③　　　　　　　）し、さまざまな支援が行われています。ジャパンハートは、2004 年に設立され、「医療の届かないところに医療を届ける」という理念のもと、国、地域、（④　　　　　　　）、政治、宗教、境遇を問わず、すべての人が平等に医療を受けられるように、ボランティア活動を行っています。医師や（⑤　　　　　　　）といった特別な知識を持つ人だけでなく、一般の人たちでも支援をすることができます。例えば、お金を寄付するだけでなく、かばんや（⑥　　　　　　　）、洋服、本などの身の回りの使わなくなったものを寄付し、リサイクルで得られたお金で、世界の子どもたちに（⑦　　　　　　　）や感染症予防の（⑧　　　　　　　）を提供することができます。

　ボランティア活動は特別な（⑨　　　　　　　）がなくても、相手のことを思い、手を差し伸べる気持ちがあれば、身近なことから始めることができます。その経験は相手を助けるだけではなく、自分のやりがいとなったり、自己を成長させたりすることができる（⑩　　　　　　　）な経験となるでしょう。

---

*音声は https://www.3anet.co.jp/np/books/3936/ で聞いてください。

133

本文

　みなさんは、「ボランティア」をしたことはありますか。日本語の「ボランティア」という言葉は英語の volunteer をカタカナで表したものです。この英語の volunteer はラテン語の「自由意志」を意味する voluntas に由来します。17 世紀の中ごろ、イギリスは大きな革命により混乱状態にあり、人々は生活に不安を抱える一方でした。そのような中、自らの意志で進んで自分たちの村や町を守ろうと行動する人たちが現れ、彼らのことを volunteer と呼びました。そのため、volunteer を英語の辞書で引くと、「志願兵」という意味も載っています。今日では「自分の意志で社会のために奉仕する人」という意味で「ボランティア」という言葉が使われています。

　世界では国境を超えてさまざまなボランティア活動が行われています。例えば、スーダンという国は日本の約 5 倍の国土で、石油やレアメタルなどの資源も豊富にあります。しかし長年の内戦に加え、未だに民族の紛争が続いており、国内避難民や貧困など多くの問題が残っています。天野裕美さんは、2012 年から 2014 年まで、スーダンで国連ボランティアとして活動しました。天野さんは、農村地域の生計向上および環境に考慮した貧困削減を目指して、現地の大学を卒業した人を対象にビジネスと環境に関するトレーニングを行い、その人たちを農村地域に派遣するというプロジェクトを実施しました。天野さんは活動を通し「スーダンでは、社会の中で若者の能力や可能性がまだ軽視されています。その中で、若者がこのプロジェクトを通し、地域社会の人々のために生き生きと働く姿や、人々の若者への見方が変わるところを目にするのはとてもうれしいことです」と述べています。

　中村哲医師は、パキスタンとアフガニスタンで困っている人々のために支援を行いました。1984 年にキリスト教の団体によりパキスタンの病院に派遣されましたが、その病院に来る患者の半数は、アフガニスタンからの難民でした。中村医師は人々が十分な医療を受けられないことを知り、アフガニスタンに診療所を作って医療活動を行いました。そうした中、2000 年に大きな干ばつが起こりました。農地は砂漠化が進み、人々は飢えと渇きに苦しみました。そして、空腹から清潔ではない水を飲んで感染症にかかり、多くの子どもたちが犠牲になりました。この時中村医師は、病気を防ぐにはまず人間の生活に不可欠な水の確保が重要であると考え、医師でありながら自ら井戸を掘り始め、1000 を超え

る井戸を作りました。ところが、井戸の採掘を進めるうちに、地下水に頼るには限界があることがわかり、用水路の建設を始めました。用水路が整備されたことで、荒れていた農地はもちろん砂漠も緑に生まれ変わり、稲や麦、イモなどの農作物が収穫され、人々の命と生活を救いました。このように、アフガニスタンの人々のために活動してきた中村医師ですが、作業現場へ向かう途中で銃撃され、帰らぬ人となってしまいました。しかし、今でも中村医師の志は支援を続ける人々に引き継がれています。

　また、世界の医療格差は大きく、ミャンマー、カンボジア、ラオスといった開発途上国は、貧困や医師不足の問題が深刻です。例えば、日本では人口1万人当たりの医師は24.8人いますが、カンボジアでは1.9人にすぎません。世界にはこのような医療格差の問題があり、ジャパンハートは「医療の届かないところに医療を届ける」という理念のもと、このような問題に取り組んでいます。例えば、これまでに日本だけでなくアジアの医療が不足している地域に医師や看護師を派遣したり、災害にあった被災地などに医療物資を送ったりして、国、地域、人種、政治、宗教、境遇にかかわらず、すべての人が平等に医療を受けることができるように医療支援を行っています。さらに、障害を持つ人の自立支援や世界の子どもたちの教育と自立支援、医療に携わる若い人材の育成など、幅広く支援を行っています。また、医師や看護師といった特別な知識を持つ人だけでなく、一般の人たちでもお金や使わなくなった身の回りのものを寄付をすることで支援ができます。例えば、かばんやアクセサリー、洋服、本などをリサイクルすることで得られた利益などがジャパンハートの活動資金となり、治療を必要とする子どもたちに手術や感染症予防の注射を提供できています。

　私たちは恵まれた環境で教育や医療を受けられていますが、地球上の多くの人々は、十分な教育や医療を受けるどころか安全な水を得ることさえできません。そのような人たちのために、世界には自ら進んで活動している人々がたくさんいます。しかし、ボランティアは経済的に豊かな人が貧しい人を助けるだけではありません。日本で大きな災害が起きた時、欧米のような先進国だけではなく、深刻な貧困に直面しているスーダン、タンザニア、カンボジア、インドネシア、エチオピアといった開発途上国からも義援金や支援物資が送られました。助け合う気持ちは海や国境を超えて届けられます。さらに、ボランティア活動を通し、社会や世界の人のために自分にできることを考え行動することは、相手を助け

るだけでなく、自分自身の成長や達成感、自己肯定感を得られる貴重な経験となり得ます。世界に目を向け、その人たちのことを思い、手を差し伸べ、助け合うことは、信頼できる社会を作り、世界から戦争がなくなることにつながるかもしれません。自分や自分の国さえよければいいと考えるのではなく、一人一人が社会や世界に目を向け、だれかの力になろうというボランティアの心を育むことが平和への第一歩になるのではないでしょうか。

参考：国連ボランティア計画（UNV）「ボランティアの声　天野 裕美さん：スーダン」
<https://unv.or.jp/voices/1661/>（2014.03.11）

8

言葉リスト

◆次の言葉の読み方を書きなさい。わからない言葉の意味を調べましょう。

言葉	読み方	意味
意志		
由来する		
革命		
混乱		
抱える		
国境		
レアメタル		
資源		
豊富な		
内戦		
未だに		
民族		
紛争		
国内避難民		
貧困		
生計		
向上		
考慮する		
削減		
目指す		
対象		
派遣する		

実施する		
能力		
可能性		
軽視する		
生き生きと		
支援		
医療		
干ばつ		
砂漠化		
飢え		
渇き		
清潔な		
犠牲		
不可欠な		
確保		
井戸		
用水路		
建設		
整備する		
荒れる		
帰らぬ人		
志		
開発途上国		
深刻な		
格差		

理念		
災害		
被災地		
人種		
宗教		
境遇		
障害		
自立		
人材		
育成		
寄付		
利益		
治療		
手術		
感染症		
予防		
注射		
提供する		
先進国		
義援金		
達成感		
貴重な		
信頼する		
育む		

8

漢字言葉学習

１．次の漢字の読み方を書きなさい。

（１）抱える 　（　　　　　　　）　　（２）国境 　（　　　　　　　）

（３）資源 　（　　　　　　　）　　（４）豊富な 　（　　　　　　　）

（５）民族 　（　　　　　　　）　　（６）紛争 　（　　　　　　　）

（７）貧困 　（　　　　　　　）　　（８）支援 　（　　　　　　　）

（９）医療 　（　　　　　　　）　　（10）飢え 　（　　　　　　　）

（11）自ら 　（　　　　　　　）　　（12）志 　（　　　　　　　）

（13）深刻な 　（　　　　　　　）　　（14）看護師 　（　　　　　　　）

（15）災害 　（　　　　　　　）　　（16）被災地 　（　　　　　　　）

（17）治療 　（　　　　　　　）　　（18）予防 　（　　　　　　　）

（19）信頼する 　（　　　　　　　）　　（20）育む 　（　　　　　　　）

２．次は何の言葉を説明していますか。本文の中から見つけなさい。

（１）国の領土を分ける線 　　　　　　　　　　　　　（　　　　　　　　　）

（２）困っている人を助けるために手を差し伸べること 　（　　　　　　　　　）

（３）食べ物がなくおなかをすかせた状態が続くこと 　　（　　　　　　　　　）

（４）医者が薬や手術などで病気を治すこと 　　　　　　（　　　　　　　　　）

（５）何かをやり遂げたという満足した気持ち 　　　　　（　　　　　　　　　）

8

文法学習

1. 動詞（　　　　　　形）＋一方だ

ある一つの方向へ変化し続ける様子を言う。変化を表す動詞と一緒に使う。

（1）先進国の子どもの数は＿＿＿＿＿＿＿＿＿＿＿＿＿＿＿＿＿＿＿＿＿＿一方です。

（2）景気が悪化するにつれ、生活は＿＿＿＿＿＿＿＿＿＿＿＿＿＿＿＿＿一方だ。

（3）＿＿＿＿＿＿＿＿＿＿＿＿＿＿＿＿＿＿＿＿＿＿＿＿＿＿＿＿＿＿＿＿＿

2. 名詞＋にすぎない

「数や量が少ない」という状況や「重要ではない」ということを表す。

（1）説明会に参加した生徒は＿＿＿＿＿＿＿＿＿＿＿＿＿＿＿＿＿にすぎない。

（2）＿＿＿＿＿＿＿＿＿＿＿＿＿＿＿＿＿＿＿は半数にすぎませんでした。

（3）＿＿＿＿＿＿＿＿＿＿＿＿＿＿＿＿＿＿＿＿＿＿＿＿＿＿＿＿＿＿＿＿＿

3. 名詞＋にかかわらず／にかかわりなく

「～に関係なく（何でも）」という意味を表す。

（1）あの店は曜日にかかわらず、＿＿＿＿＿＿＿＿＿＿＿＿＿＿＿＿＿＿＿＿

（2）＿＿＿＿＿＿＿＿＿＿＿＿＿＿＿＿＿にかかわらず、だれでも参加できる。

（3）＿＿＿＿＿＿＿＿＿＿＿＿＿＿＿＿＿＿＿＿＿＿＿＿＿＿＿＿＿＿＿＿＿

8

```
　┌─────────────────────────────────────────────────────────────────────┐
　│ 💡 「～にかかわらず」と「～にもかかわらず」の違い                          │
　│                                                                       │
　│ 「にかかわらず」と「にもかかわらず」は「も」があるかないかで意味が全く違います。│
　│                                                                       │
　│ ◇ 名詞 ＋にかかわらず：「～に関係なく」という意味を表す。                   │
　│                                                                       │
　│ 例）年齢にかかわらず、だれでも参加できます。○                             │
　│    天候にかかわらず、体育祭は実施します。○                             │
　│    悪天候にかかわらず、コンサートは実施されます。×                        │
　│                                                                       │
　│ ◇ 名詞 ＋にもかかわらず：「～けれども」の意味で、前の文から予想されることと違った │
　│                          結果を表す。                                  │
　│                                                                       │
　│ 例）社会人にもかかわらず、あいさつがきちんとできない。○                    │
　│    天候にもかかわらず、体育祭は実施します。×                            │
　│    悪天候にもかかわらず、コンサートが実施された。○                        │
　└─────────────────────────────────────────────────────────────────────┘
```

4. 名詞1 ＋どころか＋ 名詞2 ＋さえ（も）＋（…ない）

　　動詞1（普通体）＋どころか＋ 動詞2（普通体）＋こと＋さえ（も）＋（…ない）

「名詞1／動詞1＋こと はもちろん 名詞2／動詞2＋こと も…ない」という意味を表す。名詞2／動詞2 は 名詞1／動詞1 よりも「当たり前のもの／こと」を表す内容が来て、「当たり前、普通のことがない、できない」と驚いたり強調したりする気持ちを表す。否定を表す言葉と一緒に使う。

（1）漢字は難しくて、書き方どころか＿＿＿＿＿＿＿＿＿＿＿＿＿＿＿＿＿さえわかりません。

（2）熱を出してしまい、＿＿＿＿＿＿＿＿どころか＿＿＿＿＿＿＿＿さえもできなかった。

（3）＿＿＿＿＿＿＿＿＿＿＿＿＿＿＿＿＿＿＿＿＿＿＿＿＿＿＿＿＿＿＿＿＿＿＿＿

5. 動詞（　　　　　　　形）＋得る／得る

「～することができる・～する可能性がある」ことを表す。

　　＊「得る」「得る」の2つの読み方があるが、「～得ます」「～得ない」「～得た」の場合は「え」と読み、「う」とは読まない。

（1）だれにでも失敗は＿＿＿＿＿＿＿＿＿＿＿＿＿＿＿＿＿＿＿＿＿＿＿＿＿＿＿得る。

（2）彼が遅刻するなんて、＿＿＿＿＿＿＿＿＿＿＿＿＿＿＿＿＿＿＿＿＿＿＿＿＿＿＿

（3）＿＿＿＿＿＿＿＿＿＿＿＿＿＿＿＿＿＿＿＿＿＿＿＿＿＿＿＿＿＿＿＿＿＿＿＿

内容理解

1．本文を読んで、正しい文に○、間違っている文に×を書きなさい。

（1）volunteer という言葉はもともとラテン語で「志願兵」という意味でした。（　　　）

（2）現代の「ボランティア」という言葉は、自分や自国の利益のために活動する人のこと
を言います。　　　　　　　　　　　　　　　　　　　　　　　　　（　　　）

（3）スーダンは資源がなく貧しい国です。　　　　　　　　　　　　　（　　　）

（4）中村医師はアフガニスタンで井戸を掘り、人々を助けました。　　（　　　）

（5）開発途上国は、人口当たりの医師の数が、日本の約半分です。　　（　　　）

（6）ジャパンハートは、医療物資を作って、貧しい国に販売しています。（　　　）

（7）貧しい国は支援を受けるだけで、先進国を支援することはありません。（　　　）

（8）世界には十分な医療を受けられない人がたくさんいます。　　　　（　　　）

2．本文を読んで、次の質問に答えなさい。

（1）「ボランティア」という言葉は現在、日本語でどういう意味で使われていますか。本
文から抜き出しなさい。

（2）スーダンという国はどんな問題を抱えていますか。本文の例を4つ答えなさい。

　　　・　　　　　　　　　　　　　　　・

　　　・　　　　　　　　　　　　　　　・

（3）天野さんは当時のスーダンでの活動を通して、どのような状況を問題だと考えていま
すか。

（4）中村医師は医療活動以外にアフガニスタンでどんな活動を行いましたか。2つ答えな
さい。

　　　・

　　　・

（5）中村医師は医師でありながら、なぜ（4）のような活動を行いましたか。その理由となるように、下記の下線に言葉を埋めなさい。

①＿＿＿＿＿＿＿＿＿＿＿が起こった　→　②＿＿＿＿＿＿＿＿＿＿＿＿が進んだ　→

人々は③＿＿＿＿＿＿＿＿＿に苦しんだ　→

空腹から④＿＿＿＿＿＿＿＿＿＿＿＿＿＿＿＿＿＿＿＿＿＿＿＿→

⑤＿＿＿＿＿＿＿＿＿＿＿＿＿＿＿＿＿＿＿＿＿＿＿が亡くなった　→

⑥＿＿＿＿＿＿＿＿＿＿＿には⑦＿＿＿＿＿＿＿＿＿＿＿＿＿ことが重要だと考えた

（6）本文に述べられているジャパンハートが行ってきた活動に○をつけなさい。
① （　　　　） 若い医師や看護師の育成を支援する
② （　　　　） 最先端の医療の研究をする
③ （　　　　） 人種や政治、宗教にかかわらず平等に医療活動を提供する
④ （　　　　） 用水路の整備をする
⑤ （　　　　） 世界の子どもたちが教育を受けられるように支援する
⑥ （　　　　） 障害者の人たちの自立支援を行う
⑦ （　　　　） 地震などの災害で被害を受けた地域に必要な医療物資を送る
⑧ （　　　　） 開発途上国の困っている人にかばんやアクセサリーを寄付する
⑨ （　　　　） 治療を必要とする子どもたちに手術や注射をする

（7）筆者は、ボランティアが大切だという理由をどのように述べていますか。次の下線に適切な表現を入れて、本文の内容をまとめなさい。

①＿＿＿＿＿＿＿＿＿＿＿＿＿＿＿＿＿＿＿＿＿＿＿を得ることさえできない

地球上の多くの人々のために、自ら進んでボランティア活動をする人がたくさんいます。

社会や世界の人のために自分にできることを考え行動することは、②＿＿＿＿＿＿＿＿

だけではなく、③＿＿＿＿＿＿＿＿＿＿＿＿＿＿＿を得られる貴重な経験となり得ます。そして、④＿＿＿＿＿＿＿＿＿＿＿＿＿＿＿＿＿＿＿ことは、

信頼できる社会を作り、世界から戦争がなくなることにつながるかもしれません。

⑤＿＿＿＿＿＿＿＿＿＿＿＿＿＿＿＿＿と考えるのではなく、一人一人が世界に

目を向け、⑥＿＿＿＿＿＿＿＿＿＿＿＿＿というボランティアの心を育むことが

平和への第一歩になるのではないでしょうか。

活動 ｜ 作文・発表

> **活動のポイント**

- ・インターネットや雑誌で自分にできること、自分の能力を活かせる活動を探す
- ・ボランティアに参加し、社会に貢献するとはどういうことかを考える
- ・ボランティアの活動を作文に書き、発表する

> **活動の流れ**

1．ボランティアを探す・参加する

　① ボランティアについて話し合う

　② インターネットや雑誌でボランティアを探す

- ・赤十字　　　　　　　　https://www.jrc.or.jp/
- ・復興庁　　　　　　　　https://www.reconstruction.go.jp/
- ・Yahoo ボランティア　https://volunteer.yahoo.co.jp/
- ・全国社会福祉協議会地域福祉部　https://www.zcwvc.net/
- ・大阪市ボランティア・市民活動センター　https://ocvac.osaka-sishakyo.jp/

　③ ボランティアに参加する

　　＊ ボランティアに参加することが難しい人は、どのようなボランティア活動があるのか
　　　を調べて紹介しましょう。

2．ボランティアの経験を作文に書き、発表する

　① ボランティアの経験を作文に書く

　　＊ ボランティアに参加できなかった人は、調べたボランティア活動を紹介する作文を
　　　書く。

　② クラスで発表する

　　＊ 発表したことを、壁新聞を作って校内に掲示したり、新聞や雑誌に投稿したりして
　　　みるとよい。

8

１．話し合いましょう。

（１）あなたは日本で困（こま）ったことはありましたか。

    ①日本でどんな時に、どんなことで困（こま）りましたか。

    ②その時、あなたはどうしましたか。あるいはどんな気持ちでしたか。

    ③その時、どんなことがあればよかったと思いますか

（２）あなたは今までに（母国で、あるいは日本で）ボランティアをしたことがありますか。

    ①いつ、どこで、どんなボランティアをしましたか。

    ②なぜそのボランティアをしようと思いましたか。

（３）あなたは、どんなボランティアを知っていますか、あるいはしてみたいですか（日本でも母国のボランティアでもよい）。

8

２．ボランティアを探して参加してみましょう。

　インターネットや雑誌などでボランティア募集のサイトや案内を探して、興味を持った
ボランティアについてまとめましょう。

◇これからボランティアをする人

　①どんなボランティアに興味を持ちましたか。

　②それはどんなことをしますか。

　③なぜそのボランティアに興味を持ちましたか。

◇ボランティアをしたことがある人

　①今までにどんなボランティアに参加しましたか。

　②ボランティアに参加して気づいたことやボランティアをしてよかったと思うことは何
　　ですか。

　③ボランティアで大変だったことは何ですか。

☆ボランティアは、ボランティア団体を通して参加することもできますし、近所の掃除や
　ごみ拾いをするなど、小さなことからでも始めることができます。ボランティアができ
　そうな人は、週末や長期休暇を利用してぜひ参加してみてください。きっと新しい経験
　や発見ができると思います。

<ボランティア活動発表シート>

　下の文は「ボランティア活動」の経験を発表するための基本的な作文の構成です。必要な言葉を下線部に入れなさい。その後、作文用紙に全部書き写しましょう。自分で書ける人は、自分で内容をまとめて、作文を書いてもいいです。

	ボランティア活動発表サンプルフォーム
は じ め	私は＿＿＿年前に日本に来ました。その時は＿＿＿＿＿＿＿＿＿＿＿＿＿。 　　　（日本に来た時期）　　　　　　　　　　　　　（来日した時の気持ち） ＿＿＿＿＿＿＿＿＿＿＿＿＿＿＿＿＿＿＿＿＿＿＿＿＿＿＿＿＿＿。 　　　　　　　　　（大変だったこと） 　最近＿＿＿＿＿＿＿＿＿＿＿＿＿＿＿＿＿＿と思うようになりました。 　　　　　　　　（最近思うこと）
な か	＿＿＿＿＿＿＿＿＿＿＿。そして＿＿＿＿＿＿＿ボランティアに参加しました。 　（ボランティアのきっかけ）　　（ボランティアの内容） ＿＿＿＿＿＿＿＿＿＿＿＿＿＿＿＿＿＿＿＿＿＿＿＿＿＿＿＿＿＿。 　　　　　　　　（参加する前の気持ち） 　でも、＿＿＿＿＿＿＿＿＿＿＿＿＿＿＿＿＿＿＿と思って参加しました。 　　　　　　　（参加しようと思った理由） 　参加してみて＿＿＿＿＿＿＿＿＿＿＿＿＿＿＿＿＿＿＿＿＿でした。 　　　　　　　　　（ボランティアの感想） ＿＿＿＿＿＿＿＿＿＿＿＿＿＿＿＿＿＿＿＿＿＿＿＿＿＿＿＿＿＿。 　　　（ボランティアで印象的だったできごと）
お わ り	私はこのボランティアの経験を通して、＿＿＿＿＿＿＿＿＿＿＿＿＿。 　　　　　　　　　　　　　　　　　　（ボランティアの感想） 　これからも＿＿＿＿＿＿＿＿＿＿＿＿＿＿＿＿＿＿＿たいです。 　　　　　　　（目標や夢） 　そのために＿＿＿＿＿＿＿＿＿＿＿＿＿＿＿＿＿＿＿たいです。 　　　　　　　（がんばりたいこと）

> 1. 作文用紙に 400 字〜 600 字くらいでまとめましょう。
>   ボランティアをしたことがない人（参加する機会がなかった人）は、新聞やインターネットでどのようなボランティアがあるか調べ、その活動を紹介する。
>   提出日は＿＿＿＿月＿＿＿＿日（　　　）です。
> 2. 発表日は＿＿＿＿月＿＿＿＿日（　　　）です。

●気持ちを述べる
・〜の時〜でした
・〜たいと思うようになりました
・〜という気持ちでいっぱいでした
・〜ではないかと不安でした
●感想を述べる
・〜の経験を通して〜と思いました
・最初は〜でしたが、〜ようになりました

ボランティア活動発表例

はじめ	私は、2年前に日本に来ました。その時は日本語がぜんぜん話せませんでした。周りの人の言葉が聞き取れず、自分の気持ちも他の人に伝えられませんでした。学校でも、友達ができるか、授業についていけるか、不安でいっぱいでした。しかし、先生や日本人のクラスメートが優しく、いつも助けてくれました。心細い思いはなくなり、感謝の気持ちでいっぱいでした。早く日本語が上手になってたくさん話したい、私も困っている人を助けられる人になりたいと思い、一生懸命勉強しました。そして、少しずつ日本語が上手になって話せることも増えてきました。でも、最近日本語がなかなか上手にならなくなったと感じて、悩むことも多くなりました。
なか	ある時、先生からボランティアに参加してみないかと誘われました。中国語を使って切符の買い方や電車の乗り換えを案内するボランティアです。私は日本語が上手ではないし、日本語が理解できるか心配でした。でも、少しでもだれかの役に立てるならと思って参加しました。参加してみて、最初はとても緊張しましたが、中国語で話すので、慣れてくると少しずつ楽しみながら案内することができました。 ある時、駅の案内をしていると、1週間前に案内をした男の人が、私のところに来ました。そして、「案内してくれたおかげで、行きたいところにスムーズにいくことができた。ありがとう。」と、わざわざお礼を言いに来てくれました。 来日したばかりの時、日本語がわからず何もできない苦しさを経験しました。そのため、日本語がわからなくて不安な人たちの気持ちもわかります。今でも日本語がそれほど上手なわけではありませんが、人の役に立つことができました。
おわり	私はこのボランティアの経験を通して、人に感謝されることで、自分も幸せを感じられる貴重な経験をしました。私でもだれかのために役に立てることがとてもうれしくて、自信と将来の夢を持つことができました。これからもできるだけ多くの人の役に立ち、日本と中国の架け橋になりたいです。そのためにもっと日本語の勉強をがんばりたいです。

8

トピック

9

リサイクル

私たちは毎日の生活で、たくさんのものを使ったり捨てたりしていますが、それらはすべて地球上にある資源から作られています。限りある資源を無駄にしないためにも、私たちに何ができるか考えましょう。

はじめに

◆次の質問に答えましょう。

1．次の商品にはどんなマークがついているでしょうか。（a）～（g）から選びなさい。
複数のマークがつく商品もあります。

（1）牛乳パック 　　　　　　　（　　　）　（2）ジュースの缶 　　　　　（　　　）

（3）飲み物のペットボトル（　　　）　（4）使い終わった紙を使った商品（　　　）

（5）たまごのパック 　　　　　（　　　）　（6）ダンボール 　　　　　　　（　　　）

（7）環境にいいと認められた商品（　　　）

（a）　　　　　　（b）　　　　　　（c）　　　　　　（d）

（e）　　　　　　（f）　　　　　　（g）

2．プラスチックの主な原料は何ですか。

（a）天然ガス　　（b）石油　　（c）マグマ　　（d）放射性物質

3．2の原料はどうやってできましたか。

（a）地球の熱とバクテリアによって昔の生物の死骸が土の中で分解されてできた

（b）太陽の熱によって海中の成分が分解されてできた

（c）地球の中心の核の成分が地震によって地表に溶け出してできた

4．日本で容器や包装などのリサイクル法が制定されたのはいつですか。

（a）1986 年　　（b）1995 年　　（c）2003 年

5．2018 年度の日本のペットボトルのリサイクル率は何％ですか。

（a）53.7%　　（b）74.8%　　（c）84.6%

6．ペットボトルをリサイクルして、どんな商品が作られていますか。ペットボトルをリ
サイクルして作られる商品を（a）～（d）からすべて選びなさい。

（a）ボールペン　　（b）クリアファイル　　（c）スーツ

（d）カーペット

リスニング

◆リスニング用のスクリプトがあります。（p.229）

「リサイクル＜リスニング用＞」を聞いて、質問に答えましょう。

＜1回目＞

1．正しい文に○、間違っている文に×を書きましょう。

（1）最近は、ごみの量が減ってきました。　　　　　　　　　　　　　（　　　　　）

（2）プラスチックは壊れやすいので、ごみの処理が簡単です。　　　　（　　　　　）

（3）私たちは自分たちが捨てたごみを食べている可能性があります。　（　　　　　）

（4）リユースはごみを資源として再利用することです。　　　　　　　（　　　　　）

（5）ごみを減らすために、4Rが行われています。　　　　　　　　　（　　　　　）

＜2回目＞

2．もう一度聞いて、次の（　　　　　）に入る言葉を書き入れなさい。

現在、デパートやスーパーにはたくさんの商品が並んでいます。しかし、売れ残ったものや古くなったものは捨てられ、ごみの量は増えるばかりです。生ごみなどの燃えるごみや、空き缶、空きびん、（①　　　　　　　　　　　）などの資源ごみ、それから古くなった家具や（②　　　　　　　）といった粗大ごみなど、ごみの種類はさまざまです。最近では、まだ食べられる食品が捨てられる食品ロスも問題になっています。

ごみの中には（③　　　　　　　　）が困難なものもあります。例えば、プラスチックは燃やしたり、地面の中に埋めたりしても、自然に戻ることはありません。また、私たちが捨てたプラスチックごみは、風や雨で流され、海にたどり着き、（④　　　　　　　　　　）と呼ばれるとても小さな破片になります。それを海の生き物が食べ、さらにその（　④　）を食べた魚を私たちが食べている可能性もあります。

地球の（⑤　　　　　　　）は限られています。その（　⑤　）を大切にするために4Rという取り組みが行われています。4Rには回収したごみを（　⑤　）として再利用する（⑥　　　　　　　　　　）、フリーマーケットなどで売ったり買ったりして商品を繰り返し使う（⑦　　　　　　　）、ごみを減らす工夫をする（⑧　　　　　　　　　　）、包装紙などごみになるものを断る（⑨　　　　　　　　）があります。

ごみを増やさない、（　⑤　）を（⑩　　　　　　　　）にしないためにも4Rを心がけて、身近なところから環境のためにできることをすることが大切です。

*音声は https://www.3anet.co.jp/np/books/3936/ で聞いてください。

9

本文

　デパートやスーパー、コンビニエンスストアに行くと、購入されるそばから新しい商品が補充され、常にたくさんのものが並んでいます。特にスマートフォンやゲーム機器などは新しい商品が出たとたん、多くの人が買い求め、新しい機器に買い替えられます。物が充実して便利な社会になりましたが、売れ残りや古くなったものはまだ使えるものでも捨てられるので、ごみの量は増えるばかりです。ごみの種類は、生ごみなどの燃えるごみ、紙類、ペットボトルや缶、びんなどの資源ごみ、それから古くなった家具やストーブ、自転車などの粗大ごみのように多様です。また、近年、まだ食べられる食品が捨てられる食品ロスも問題になっています。年間に捨てられる食品廃棄物の約4分の1がこの食品ロスに当たります。

　さまざまなごみの中には処理が困難なものもあります。プラスチックは安くて、軽くて、壊れにくいので、たくさんの製品に使われていますが、燃やしたり地中に埋めたりしても分解されず、自然に戻ることはありません。中には燃やすと有害な物質を出して、環境に悪い影響を及ぼすものもあります。また私たちが捨てたビニールやプラスチックごみが、風や雨で流され、下水を通って海にたどり着き、マイクロプラスチックと呼ばれるとても小さな破片になります。それを海の生き物が食べて死んでしまうこともあります。さらに、そのマイクロプラスチックを食べた魚を私たちが食べることで、私たちの健康にも影響を及ぼす可能性があると言われています。では、環境や生態系に害を及ぼさないために、どのようにごみを処理すればいいのでしょうか。

　私たちの生活に欠かせないものとなったペットボトルですが、2018年のデータによると日本のペットボトルの販売量は年間約250億本を超えています。これは、一人当たり年間約200本ものペットボトルを消費しているということになります。このように身近になったペットボトルですが、何からできているのでしょうか。実は石油が原料なのです。地球の資源には限りがあり、石油や天然ガスなどはあと50年ほどで枯渇してしまうと言われています。そのことを考えると、大量のペットボトルの消費は資源の無駄遣いではないかと心配されています。

　そこでペットボトルをごみとして捨てるのではなく、回収してそれを資源としてリサイ

クル（recycle）する取り組みが行われています。2018年のデータでは、ペットボトルのリサイクル率は84.6％で、リサイクルされたペットボトルから文房具や服やかばんなどが作られています。さらに、ペットボトルだけではなく、紙や缶、びんを資源として再利用するリサイクル運動も広まっています。このように、私たちが責任をもって分別したごみは、リサイクルによって次の資源として使われます。一方でリサイクルの問題点としては、リサイクルする過程で多大なエネルギーが必要になることや処理のために人件コストがかかることなどが指摘されています。

　他にも、環境を大切にしつつ快適な生活を送るために、私たちにできることはあります。例えば、商品を繰り返し使うリユース（reuse）という方法です。フリーマーケットやインターネットオークションで要らなくなったものを売ったりして、ごみを出さないようにします。また、リデュース（reduce）といって、ごみの量を減らすために無駄なものを買わない、物を長く大切に使うという方法もあります。さらに、包装紙やビニール袋などを断るリフューズ（refuse）という取り組みもあり、ごみをどうやって減らすかということよりも、ごみになってしまうものを受け取らないという考えが注目されています。これら3つとリサイクルを合わせて4Rと呼び、積極的に取り組みが行われています。

　私たちが利益や便利さを追い求めたあげく、公害や汚染などの環境問題が引き起こされてきました。新しい商品は魅力的で、使い捨ての商品は便利ですが、自然のことを考えずに資源を使い続けていては、環境破壊を止めることはできません。ごみを増やさない、資源を無駄にしないためにも4Rを心がけて、身近なところから環境のためにできることを続けることが大切になるでしょう。

9

言葉リスト

◆次の言葉の読み方を書きなさい。わからない言葉の意味を調べましょう。

言葉	読み方	意味
購入する		
補充する		
充実する		
資源		
多様な		
廃棄		
処理		
困難な		
製品		
埋める		
分解する		
有害な		
物質		
環境		
及ぼす		
破片		
可能性		
生態系		
害		
欠かせない		
消費		
石油		

原料		
限り		
天然ガス		
枯渇する		
無駄遣い		
回収する		
文房具		
再利用する		
責任		
分別する		
過程		
多大な		
コスト		
指摘する		
快適な		
包装紙		
断る		
注目する		
積極的な		
利益		
公害		
汚染		
魅力的な		
使い捨て		
破壊		

漢字言葉学習

１．次の漢字の読み方を書きなさい。

（１）燃える　　（　　　　　　　　　）　　（２）資源　　　（　　　　　　　　　）

（３）多様な　　（　　　　　　　　　）　　（４）廃棄物　　（　　　　　　　　　）

（５）処理　　　（　　　　　　　　　）　　（６）物質　　　（　　　　　　　　　）

（７）環境　　　（　　　　　　　　　）　　（８）及ぼす　　（　　　　　　　　　）

（９）消費　　　（　　　　　　　　　）　　（10）枯渇する　（　　　　　　　　　）

（11）無駄使い　（　　　　　　　　　）　　（12）心配する　（　　　　　　　　　）

（13）回収する　（　　　　　　　　　）　　（14）再利用する（　　　　　　　　　）

（15）責任　　　（　　　　　　　　　）　　（16）分別する　（　　　　　　　　　）

（17）快適な　　（　　　　　　　　　）　　（18）断る　　　（　　　　　　　　　）

（19）汚染　　　（　　　　　　　　　）　　（20）破壊　　　（　　　　　　　　　）

２．次は何の言葉を説明〈せつめい〉していますか。本文の中から見つけなさい。

（１）木や石油のような材料〈ざいりょう〉やエネルギーのもとになるもの　　　（　　　　　　　　　）

（２）商品を買ったり使ったりしてなくすこと　　　　　　　　　　（　　　　　　　　　）

（３）一度使ったものをもう一度使えるようにすること　　　　　（　　　　　　　　　）

（４）ごみを種類〈しゅるい〉ごとに分ける　　　　　　　　　　　　　　（　　　　　　　　　）

（５）プラスチックの容器〈ようき〉や木の割〈わ〉り箸〈ばし〉など１回使って捨〈す〉てること

　　　　　　　　　　　　　　　　　　　　　　　　　　　　（　　　　　　　　　）

9

文法学習

1. 動詞（辞書形・た形）＋そばから

「〜しても、すぐに」という意味を表す。後ろにはよくないできごとが来ることが多い。

（1）部屋を片<ruby>付<rt>かた</rt></ruby>づけたそばから、弟が_____

（2）_____そばから、<ruby>忘<rt>わす</rt></ruby>れてしまう。

（3）_____

2. 動詞（　　　　　　形）＋とたん

「〜したのとほぼ同時に」という意味で、後ろには前のできごととほぼ同時、あるい直後に起こったできごとが来る。

（1）_____とたん、田中君は急に<ruby>席<rt>せき</rt></ruby>を立って出て行ってしまった。

（2）空が光ったとたん、_____

（3）_____

3. 動詞（　　　　　　形）＋ばかりだ

「ますます〜という状態になる」という意味を表す。「ばかりだ」の前は、<ruby>変化<rt>へんか</rt></ruby>を表す動詞が使われて、同じ<ruby>変化<rt>へんか</rt></ruby>がずっと続いている<ruby>状態<rt>じょうたい</rt></ruby>を表す。<ruby>一般的<rt>いっぱんてき</rt></ruby>に、悪い方向に向かっていることを表すことが多い。

（1）高校生になると、勉強とクラブ活動で_____ばかりだ。

（2）<ruby>水不足<rt>みずぶそく</rt></ruby>の<ruby>影響<rt>えいきょう</rt></ruby>で、_____ばかりだ。

（3）_____

9

```
┌─────────────────────────────────────────────────────────────────────────────┐
│  💡  「～ばかりだ」と「～一方だ」の違い                                        │
│                                                                               │
│  ◇～ばかりだ：一つの方向へ変化し続ける様子を表す。程度が「～すぎる」という意味が │
│            あり、いい変化の場合には使わない。                                  │
│  例）公害はますますひどくなるばかりだ。○                                       │
│     景気はよくなるばかりだ。×                                                │
│  ◇～一方だ：一つの方向に変化している様子を表す。いい変化にもよくない変化にも使う。│
│  例）公害はますますひどくなる一方だ。○                                         │
│     携帯電話は便利になる一方だ。○                                            │
└─────────────────────────────────────────────────────────────────────────────┘
```

4. 動詞（　　　　　　形）＋つつ

「～しながら」と同じ意味で、2つの動作が同時に行われることを表す。書き言葉で使われる。

（1）_____つつ、作家として小説も書いている。

（2）京都の景色を楽しみつつ、_____

（3）_____

5. 動詞（　　　　　　形）＋あげく

「長い間～した結果」という意味を表す。後ろにはその結果起こったことを言う。

（1）_____あげく、正直に言うことにした。

（2）彼は試合の作戦について先輩にいろいろと文句を言ったあげく、

_____

（3）_____

9

内容理解

1．本文を読んで、正しい文に○、間違っている文に×を書きなさい。

（1）資源ごみには、ペットボトルや缶、自転車などが含まれます。　　　　　（　　　）

（2）食品廃棄物の半分以上が食品ロスに当たります。　　　　　　　　　　（　　　）

（3）日本では、年間一人当たり約200本のペットボトルをリサイクルしています。

　　　　　　　　　　　　　　　　　　　　　　　　　　　　　　　　　　（　　　）

（4）石油や石炭などの資源はいつかなくなってしまいます。　　　　　　　（　　　）

（5）ペットボトルをリサイクルして、新しい製品を作ることができます。　（　　　）

（6）ペットボトルをリサイクルする時、多くのエネルギーを使います。　　（　　　）

（7）フリーマーケットで売る方法をリフューズと言います。　　　　　　　（　　　）

（8）4Rは、私たちにもできる環境を守る取り組みです。　　　　　　　　（　　　）

2．本文を読んで、次の質問に答えなさい。

（1）ごみの種類をまとめなさい。

ごみの種類	ごみの例
燃えるごみ	① 　　　　　　　　　　　　　　　　　　　　　　　　　　　　など
資源ごみ	② 　　　　　　　　　　　　　　　　　　　　　　　　　　　　など
③	家具、ストーブ、自転車など
④	売れ残ったお弁当、賞味期限の過ぎたお菓子などの他、まだ食べられる食品も含む

（2）プラスチックのいい点と問題点をまとめなさい。

　　いい点：

　　問題点：

（3）マイクロプラスチックとは、どのようなものですか。本文中の言葉を使って説明しなさい。

（4）マイクロプラスチックは、環境や生態系にどのような影響を与えていますか。本文中の例を２つまとめなさい。

・

・

（5）ペットボトルを大量に消費することでどのような問題がありますか。本文中の言葉を使って説明しなさい。

（6）リサイクルのいい点と問題点をまとめなさい。

いい点：

問題点：・

・

（7）４Ｒとは何ですか。①〜④に４Ｒの名前を書いて、本文に書かれてある意味をそれぞれまとめなさい。

４Ｒの名前	意味
①	
②	
③	
④	

（8）本文を 200 字程度で要約しなさい。

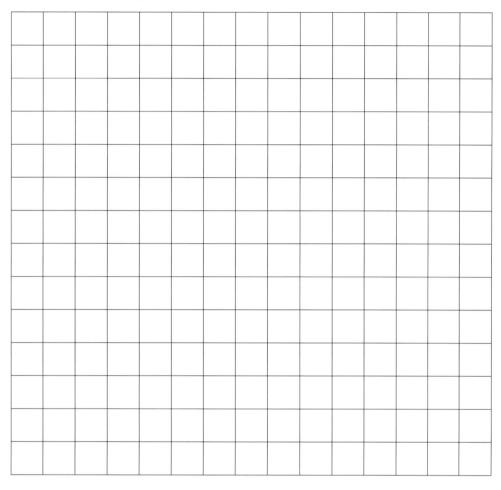

活動　　ポスター発表

活動のポイント

・4Ｒや環境問題について調べる
・環境を守るためにできることを考える
・環境を守るためのポスターを作り、発表、掲示する

活動の流れ

1．4Ｒや環境問題について調べ、ポスターを作る

① 4Ｒや環境問題について詳しく調べ、その問題を解決するための方法を＜リサーチシート＞にまとめる
　＊ 説得力のあるデータを集められるとよい。

② 調べたことについて何に焦点をあてて、どんなポスターを作るのかを考える
　＊ 例：ごみの分別、リサイクルされた商品、買い物袋の持参、学校で1週間に使われるコピー用紙の枚数、1日に出されるペットボトルの数。

③ ポスターを描く

④ ポスターを説明する作文を書く

⑤ 作文を先生にチェックしてもらう

⑥ 作文を読む練習をする

2．発表する・評価する

① ポスターをクラスで紹介する（ポスターを見せながら発表する）
② 説得力のあるポスターと発表者をクラスで選ぶ
③ ポスターを教室や廊下、食堂などに貼る

9

＜リサーチシート＞

①テーマ	
②詳しく調べて わかったこと （裏付けとなる データを入れ る）	
③伝えたいメッ セージは何で すか	

9

<ポスター発表シート>

　下の文は４Ｒや環境保護を促進するためのポスターを説明する基本的な作文の構成です。<リサーチシート>を見ながら、下線部に言葉を入れなさい。その後、作文用紙に全部書き写しましょう。自分で作文が書ける人は、自分で内容をまとめて、作文を書いてもいいです。

ポスター発表サンプルフォーム

はじめ	みなさんは、＿＿＿＿＿＿＿＿＿＿＿＿＿＿＿＿＿＿＿＿＿＿＿。 　　　　　　　　　　　　（メッセージなど） 　今日は、＿＿＿＿＿＿＿＿＿＿＿＿＿＿＿＿＿についてお話しします。 　　　　（ポスターのテーマ）
なか	私たちの学校では＿＿＿＿＿＿＿＿＿＿＿＿＿＿＿＿＿＿＿。 　　　　　　　　　　　　　　　（身近な現状） 　このポスターは＿＿＿＿＿＿＿＿＿＿＿＿＿＿＿＿を示しています。 　　　　　　　（ポスターが表していること） ＿＿＿＿＿＿＿＿＿＿＿＿＿＿＿＿＿＿＿＿＿＿＿＿＿＿＿＿。 　　　　　　　（リサイクルされる方法） 　それをもとに、＿＿＿＿＿＿＿＿＿＿＿＿＿＿につながっています。 　　　　　　　　（リサイクルから可能になること） 　＿＿＿＿＿＿＿＿＿によると、＿＿＿＿＿＿＿＿＿＿そうです。 　　　（データなど）　　　　　　　　（ある事例）
おわり	＿＿＿＿＿＿＿＿＿＿＿＿＿＿＿＿＿＿＿が必要とされています。 　　　　　　　　（主張） 　このポスターをきっかけに、＿＿＿＿＿＿＿＿＿期待しています。 　　　　　　　　　　　（伝えたいこと）

9

1. 作文用紙にポスターの説明を 400 字〜 600 字くらいでまとめましょう。
　　作文の提出日は ＿＿＿＿　月 ＿＿＿＿　日（ ＿＿＿＿ ）です。
2. 発表日は ＿＿＿＿　月 ＿＿＿＿　日（ ＿＿＿＿ ）です。

●意見を言う
・〜と思います　　　　・〜と期待します
・〜ことが大切です
●情報を言う
・〜を示しています　　・〜もとに
・〜によると、〜というデータがあります
・〜そうです　・〜という事例があります
・〜の結果、〜ということがわかります

ポスター発表例

はじめ	私たちは生活の中で毎日たくさんのペットボトルを使っています。みなさんは、ペットボトルを捨てる時に、キャップも一緒に捨てていませんか。分別されずに捨てられるキャップも大切な次の資源になります。今日は、ペットボトルキャップのリサイクル活動についてお話しします。
なか	私たちの学校では去年から生徒会が中心になって、学校や家庭で出たペットボトルのキャップを集め、回収業者へ引き渡す活動を行っています。私たちの学校で、昨年回収されたキャップの量は 20kg でした。 　このポスターは回収されたペットボトルのキャップがどのようにリサイクルされるのか、そしてそれがどのような支援につながっているのかを示しています。 　学校で回収されたペットボトルのキャップは、回収業者に引き取ってもらい、ペットボトルキャップのリサイクル会社で素材や色ごとに分別、粉砕、洗浄され、溶かされます。そして、プラスチック製品の原料となるペレットが作られます。それをもとに、食器、洗濯ばさみ、ポリ袋、文房具、衣類、家電製品など新たな製品が作られます。リサイクル会社は、このペレットを販売し、その売り上げの一部で、世界の子どもたちへのワクチン提供を支援しています。 　リサイクル会社によると、キャップは1つ2gで、2kgで20円になり、1人分のワクチンを提供することができるそうです。ある学校では1年間に集めたペットボトルのキャップで、約112人のワクチンの支援を行ったそうです。
おわり	ペットボトルキャップのリサイクルは一つの会社だけでできるものではなく、私たち一人一人の行動の小さな積み重ねが必要とされています。このポスターをきっかけに、ペットボトルキャップのリサイクル活動が私たちの学校に広く知られ、一人一人が積極的にこの活動に参加してくれることを期待しています。私たちの身近な行動によって、環境を守ったり、人の命を救ったりできることは、たくさんあると思います。小さな勇気で一歩を踏み出してみませんか。

9

トピック

10

こ　じ　せい　ご
故事成語

日本語には多くの故事成語があります。故事成
語とはどんな言葉なのでしょうか。故事成語の
由来とその意味を学びましょう。そして、そこ
から現代にも通用する、生きるためのヒントを
学びましょう。

はじめに

◆次の質問に答えましょう。

1．「羊頭狗肉」の「狗」は何の動物ですか。

　（a）猿　　（b）イノシシ　　（c）犬　　（d）かっぱ

2．「蟷螂の斧」の「蟷螂」は何の生き物ですか。

　（a）とんぼ　　（b）かまきり　　（c）かに　　（d）さそり

3．「ほかの人の失敗から学ぶ」という意味の故事成語は次のどれですか。

　（a）他山の石　　（b）漁夫の利　　（c）矛盾　　（d）蛇足

4．「いつまでも古い習慣にこだわって進歩がない」という意味の故事成語となるように
　　[　　　]に入る漢字を選びなさい。

　　　　　　守 [　　　　　]

　（a）枝　　（b）株　　（c）家　　（d）長

5．1〜4の故事成語は、次のどの国と関係がある言葉ですか。

　（a）アメリカ　　（b）オランダ　　（c）ポルトガル　　（d）中国

6．"It is no use crying over spilt milk." という英語のことわざと同じ意味を表す故事成語
　は次のどれですか。

　（a）禍い転じて福となす　　（b）背水の陣　　（c）五里霧中
　（d）覆水盆に返らず

7．次の□には動物を表す言葉が入ります。□に漢字を入れて、次の故事成語を完成させ
　なさい。

　　①塞翁が [　　]：人の幸、不幸は予測できないということ。

　　② [　　]の威を借る [　　]：他人の権力を背景に権勢をふるうこと。

　　③ [　　]合の衆：規律や団結力もなく集まった人々のこと。

　　④ [　　]頭 [　　]尾：初めは勢いがよいが、終わりはその勢いがなくなること。

リスニング

◆リスニング用のスクリプトがあります。（p230）

「故事成語＜リスニング用＞」を聞いて、質問に答えましょう。

＜1回目＞

1．正しい文に○、間違っている文に×を書きましょう。

（1）『古事記』や『万葉集』は中国から伝わりました。 （　　　　　）

（2）『万葉集』や『枕草子』はひらがなで書かれています。 （　　　　　）

（3）日本は中国から文字だけでなく言葉や表現も取り入れてきました。 （　　　　　）

（4）故事成語は中国の古典に記された話に由来しています。 （　　　　　）

（5）故事成語は今の時代にも通用する教訓を伝えています。 （　　　　　）

＜2回目＞

2．もう一度聞いて、次の（　　　　　）に入る言葉を書き入れなさい。

　　日本は長い歴史の中で中国から多くの知識や（①　　　　　　　　）を学び、それを発展させ、日本独自の（　①　）を築いてきました。その代表的な例として、（②　　　　　　　　）があります。中国から（③　　　　　　　　）が伝わるまで、日本では（　②　）は使われていませんでした。（　③　）が伝えられると、日本語の音に（　③　）を当てはめた万葉仮名が使われるようになりました。『古事記』や『万葉集』は、その万葉仮名で書かれています。そして、平安時代に入り、（　③　）の一部からひらがなやカタカナが作られると、ひらがなを使った（④　　　　　　　　）が書かれました。『源氏物語』や『枕草子』が、その代表的な例です。

　　中国からの影響は、（　②　）以外にも日本語の言葉や表現にも見られます。例えば、「（⑤　　　　　　　　）」という言葉は、中国の古い（⑥　　　　　　　　）に書かれているできごとに由来しています。このような言葉や表現を（⑦　　　　　　　　）と言います。他にも「五十歩百歩」「蛇足」「漁夫の利」「（⑧　　　　　　　　）」「杞憂」などたくさんあります。故事成語は昔の時代の（⑨　　　　　　　　）をもとに作られ、その時代の知恵や（⑩　　　　　　　　）を伝えてくれる表現です。長い年月を超え、昔の人の知恵や知識が今の時代にも受け継がれています。このような言葉や表現からも、歴史のつながりと、現代にも通用する（　⑩　）を知ることができます。

---

*音声は https://www.3anet.co.jp/np/books/3936/ で聞いてください。

10

本文

　昔から日本は中国から多くの知識や文化を学んできました。文字がその一つの例です。中国から漢字が伝わるまで、日本では文字を使っていませんでした。漢字が伝えられると、日本語の音に漢字を当てはめた万葉仮名が使われるようになりました。『古事記』や『万葉集』などには、この万葉仮名が使われています。そして、平安時代に漢字の一部をもとにして、ひらがなやカタカナが作られ、和歌や文学など日本独自の文化を発展させていきました。一方、『源氏物語』や『枕草子』といった国風文化を代表する日本の文学にも、中国の古典に由来することがらや名言が数多く用いられ、貴族や知識人たちが漢詩や中国の書物から多くの知識を学んでいたことがわかります。そして、中国から伝わり、長い年月を経て、今でも私たちの生活に根付いている言葉や表現がたくさんあります。その一つの例が、故事成語です。故事成語は、中国の古典や古い書物に書かれているできごとがもとになってできた言葉や表現です。例えば、「矛盾」「五十歩百歩」「蛇足」「守株」「漁夫の利」「推敲」「臥薪嘗胆」「画竜点睛」「杞憂」「羊頭狗肉」「呉越同舟」「背水の陣」など、今でも使われる故事成語がたくさんあります。

　次の故事成語は、中国の戦国時代の話がもとになっています。
「楚の国の人が先祖を祭る行事をしていて、召使に酒を与えた。ところが召使たちはそのお酒の量をめぐって話し合いをした。『何人かでこの酒を飲むと足りないが、一人で飲むなら十分楽しめる。地面に蛇の絵を描いて、一番先にできた者が酒をもらうことにしよう』と召使の一人が言った。すると、ある召使が一番早く蛇の絵を描き上げた。そして酒を飲もうと杯を引き寄せ、『私にはまだ足を描き足す余裕があるぞ』と言って、その絵に足を描き足した。その召使が足を描き終わるか終わらないかのうちに、別の召使が蛇を描き上げ、杯を奪った。『蛇に足はない。それは蛇ではない』と言って、酒を飲んでしまった。蛇に足を付け足した男は酒を飲み損なってしまった」このエピソードから「　A　」という言葉が生まれました。これは、「余計なことをするべきではない」「調子に乗ってやたらに手を加えるべきではない」という教訓を表しています。

　次の故事成語は、『韓非子』の話がもとになっています。
「昔、楚の国の人で盾と矛を売っている人がいた。その人が客に盾と矛を自慢して言った。『こ

の盾はすばらしい。この盾の堅いことといったら、これを突き通せるものはない』そして、『この矛は大変鋭い。どんなものでも突き通せないものはない』とほめた。すると、それを聞いていた客が『その矛でその盾を突き通すとどうなりますか』と尋ねた。その人は答えることができなくなってしまった」このエピソードから「　B　」という言葉が生まれました。これは、「話に一貫性がない」「つじつまが合わない」という意味です。

　このように、故事成語は中国の古典に記された内容をもとに作られ、その時代の知恵や知識を伝えています。長い年月を超え、昔の人の知恵や知識が現代にも受け継がれているのです。私たちは、故事成語を通し、歴史のつながりと、現代にも通用する教訓を知ることができます。

言葉リスト

◆次の言葉の読み方を書きなさい。わからない言葉の意味を調べましょう。

言葉	読み方	意味
知識		
文字		
当てはめる		
文学		
独自		
発展する		
古典		
由来する		
名言		
書物		
根付く		
できごと		
先祖		
祭る		
行事		
召使		
足りる		
杯		
～足す		
余裕		
奪う		
エピソード		

余計な		
調子に乗る		
教訓		
盾		
矛		
自慢する		
突き通す		
鋭い		
尋ねる		
一貫性		
つじつま		
記す		
知恵		
受け継ぐ		

10

175

漢字言葉学習

１．次の漢字の読み方を書きなさい。

（１）故事成語　（　　　　　　　）　　（２）知識　　　（　　　　　　　　　）

（３）独自　　　（　　　　　　　）　　（４）発展する　（　　　　　　　　　）

（５）古典　　　（　　　　　　　）　　（６）由来する　（　　　　　　　　　）

（７）名言　　　（　　　　　　　）　　（８）書物　　　（　　　　　　　　　）

（９）年月　　　（　　　　　　　）　　（10）行事　　　（　　　　　　　　　）

（11）足りる　　（　　　　　　　）　　（12）教訓　　　（　　　　　　　　　）

（13）盾　　　　（　　　　　　　）　　（14）自慢する　（　　　　　　　　　）

（15）鋭い　　　（　　　　　　　）　　（16）尋ねる　　（　　　　　　　　　）

（17）一貫性　　（　　　　　　　）　　（18）記す　　　（　　　　　　　　　）

（19）知恵　　　（　　　　　　　）　　（20）国境　　　（　　　　　　　　　）

２．次は何の言葉を説明していますか。本文の中から見つけなさい。

（１）中国の古典に由来する知識や教訓を伝える表現　　　　（　　　　　　　　　）

（２）昔の書物　　　　　　　　　　　　　　　　　　　　　（　　　　　　　　　）

（３）あることがもとになる　　　　　　　　　　　　　　　（　　　　　　　　　）

（４）「つじつまが合わない」という意味の漢字２文字の言葉　（　　　　　　　　　）

（５）最初から最後まで話の筋が通っていること　　　　　　（　　　　　　　　　）

10

文法学習

1. 動詞（　　　　　　形・　　　　　形）＋か＋ 動詞（　　　　　　形）＋ないかのうちに

「か」と「ないか」の前には同じ動詞が来て、「その動作が起こったのと同時に」「その動作が起こった直後に」という意味を表す。

（1）雨が＿＿＿＿＿＿＿＿＿＿＿＿＿か＿＿＿＿＿＿＿＿＿＿＿＿＿うちに、家に着いた。

（2）＿＿＿＿＿＿＿＿＿＿＿＿＿＿＿＿＿＿＿うちに、席(せき)を立った。

（3）＿＿＿＿＿＿＿＿＿＿＿＿＿＿＿＿＿＿＿＿＿＿＿＿＿＿＿＿

2. 動詞（　　　　　形）＋損(そこ)なう

「～する機会(きかい)を逃(のが)す」という意味で、「～することができなかったこと」を表す。

（1）＿＿＿＿＿＿＿＿＿＿＿＿＿＿＿損(そこ)なって、待ち合わせの時間に遅(おく)れた。

（2）楽しみにしていたのに、＿＿＿＿＿＿＿＿＿＿＿損(そこ)なってしまった。残念(ざんねん)だ。

（3）＿＿＿＿＿＿＿＿＿＿＿＿＿＿＿＿＿＿＿＿＿＿＿＿＿＿＿＿

3. 動詞（　　　　　形）＋べきではない

「～してはいけない」の意味で、話し手が常識(じょうしき)から考えて「～するのがよくない」と主張(しゅちょう)する時に使う。「する」は「すべきではない」という形もある。

（1）子どもは＿＿＿＿＿＿＿＿＿＿＿＿＿＿＿＿＿＿＿＿＿＿＿べきではない。

（2）テスト前は＿＿＿＿＿＿＿＿＿＿＿＿＿＿＿＿＿＿＿＿＿べきではない。

（3）＿＿＿＿＿＿＿＿＿＿＿＿＿＿＿＿＿＿＿＿＿＿＿＿＿＿＿＿

10

4. 名詞 ＋といったら

　　イ形容詞 ＋こと＋といったら

　　ナ形容詞 ＋な＋こと＋といったら

「～について言うと／～に関して言うと」という意味で、「～の程度がとても高い」ことを表す。後ろには感動・驚き・失望などを表す表現が来て、話者の感情を強めて言う時に使う。

（1）この歌詞の素敵なことといったら、＿＿＿＿＿＿＿＿＿＿＿＿＿＿＿＿＿＿＿

（2）＿＿＿＿＿＿＿＿＿＿＿＿＿＿＿＿＿＿＿＿といったら、他に比べようがない。

（3）＿＿＿＿＿＿＿＿＿＿＿＿＿＿＿＿＿＿＿＿＿＿＿＿＿＿＿＿＿＿＿＿＿＿＿

内容理解

1．本文を読んで、正しい文に○、間違っている文に×を書きなさい。

（1）故事成語は中国の古い書物に書かれているできごとに由来しています。　（　　　）

（2）日本では奈良時代から漢字、ひらがな、カタカナが使われていました。　（　　　）

（3）平安時代の文学には、中国の文学に影響を受けたものもあります。　（　　　）

（4）『源氏物語』や『枕草子』は中国の古典に由来しています。　（　　　）

（5）故事成語は『古事記』や『万葉集』の話がもとになっています。　（　　　）

（6）「蛇足」は「余裕がある」という意味を表します。　（　　　）

（7）「矛盾」という言葉は「話に一貫性があり、つじつまが合う」という意味を表します。

（　　　）

（8）故事成語の教訓は今の時代にも通用します。　（　　　）

2．本文を読んで、次の質問に答えなさい。

（1）「故事成語」とは、どんな言葉ですか。空欄に入る言葉を書きなさい。

故事成語とは、①＿＿＿＿＿＿＿＿＿＿＿＿＿＿＿＿＿に由来する言葉で、

昔の人の②＿＿＿＿＿＿＿＿＿＿＿＿＿＿＿を今の人に伝えてくれる表現。

（2）「万葉仮名」とはどういうものですか。空欄に入る言葉を書きなさい。

①＿＿＿＿＿＿＿＿＿＿＿＿＿＿＿＿＿＿＿の書物に使われた文字で、

②＿＿＿＿＿＿＿＿＿＿＿＿＿＿＿＿＿＿＿文字。

（3）本文の第2段落のエピソードについて質問に答えなさい。
　①なぜ召使の一人が全部の酒をもらうことにしたのですか。

　②なぜある召使は蛇に足を描こうと思ったのですか。

10

③ ［　Ａ　］に入る故事成語は何ですか。本文の中で例として挙げられた故事成語の中から選び、その言葉の意味も書きなさい。

故事成語：

意味　　：

（４）本文の第３段落のエピソードについて質問に答えなさい。
①「楚の国の人」が売っていた盾と矛にはどんな特徴がありますか。

②「どんなものでも突き通せないものはない」とはどういう意味ですか。下から選びなさい。
（ａ）どんなものでも突き通せるものがない。
（ｂ）どんなものでも突き通せるわけがない。
（ｃ）どんなものでも突き通すことができる。
（ｄ）どんなものを突いても突き通せない。

③なぜ「その人」は答えることができなかったのですか。本文の内容をもとに、次の下線に入る表現を考えて、書きなさい。

＿＿＿＿＿＿＿＿＿＿＿＿＿＿＿＿＿＿矛と＿＿＿＿＿＿＿＿＿＿＿＿＿＿＿＿＿＿盾とが

＿＿＿＿＿＿＿＿＿＿＿＿＿＿＿＿＿＿＿＿＿＿＿＿＿＿＿＿＿＿＿＿ので、

＿＿＿＿＿＿＿＿＿＿＿＿＿＿＿＿＿＿＿＿＿＿＿＿＿＿とわかったから。

④ ［　Ｂ　］に入る故事成語は何ですか。本文の中で例として挙げられた故事成語の中から選び、その言葉の意味も書きなさい。

故事成語：

意味　　：

10

（5）次の故事成語が完成するように下の□の中から適切な漢字を選び、[　　]に漢字を書きなさい。また、（　　）には、その意味を（ア）〜（コ）から選び、記号を書きなさい。

①呉越同 [　　]　（　　）　　　　⑥ [　　] 盾　　　　（　　）

②羊頭狗 [　　]　（　　）　　　　⑦画 [　　] 点睛　　（　　）

③ [　　] 蔽　　　（　　）　　　　⑧漁夫の [　　]　（　　）

④ [　　] 足　　　（　　）　　　　⑨五十歩 [　　] 歩　（　　）

⑤背水の [　　]　（　　）　　　　⑩臥 [　　] 嘗胆　（　　）

＜漢字＞

| 肉 | 陣 | 百 | 利 | 薪 | 蛇 | 推 | 舟 | 矛 | 竜 |

＜意味＞

（ア）つじつまが合わないこと

（イ）ある大きな目的を成功させるために、苦しみ耐え忍ぶこと

（ウ）物事を完成させるための最後の大切な仕上げ

（エ）仲の悪い国の者同士でも、苦境に立たされれば協力するということ

（オ）二人の人が争っている間に、第三者が利益を横取りすること

（カ）詩や文の表現をいろいろ考え、何度も練り直すこと

（キ）見かけと内容が一致しないこと、見かけ倒し

（ク）余計なもの

（ケ）少しの違いはあるが、本質的には大差のないこと

（コ）一歩も引かない覚悟で物事に当たること

（6）次の会話文を読んで、（　　　　）に入る故事成語を次の中から答えなさい。

> 五十歩百歩　　漁夫の利　　背水の陣　　矛盾　　羊頭狗肉

① A：この本は表紙は立派でいいことが書いているように見せているけど、中身はぜんぜんよくないよ。こういうのを（　　　　　　　　）と言うんだよ。

　　B：本当だね。本はちゃんと中身を見て選ばないといけないね。

② A：先生、すみません。宿題をするのを忘れました。

　　B：先生、ぼくは宿題をしたんですけど、家に忘れました。

　　C：二人とも、（　　　　　　　　）ね。宿題が出せないのは同じだもの。

③ A：受験、どうだった？

　　B：また不合格だったよ。まだ一つも受かってない。

　　A：もう、受けるところはないの？

　　B：あと一つ残ってる。ここが不合格だと浪人決定だから、（　　　　　　　　）の気持ちでがんばるよ。

④ A：生徒会長、田中さんに決まったんだって、意外だね。

　　B：1番人気と2番人気だった山田さんと川口さんが相手の批判ばかりしていたから、みんな嫌になっちゃったんだろうね。

　　A：田中さん、（　　　　　　　　）を得たってわけだね。

⑤ A：さっきちゃんと宿題をするって言ったよね。どこに行くの？

　　B：えっと。友達の家に勉強しに行くよ。

　　A：どうしてサッカーボールを持っていくの？　（　　　　　　　　）してるじゃないの。

　　B：はーい。わかったよ。ちゃんと勉強するよ。

10

活動　　　紙芝居を作る

活動のポイント

- 故事成語（こじせいご）の由来を本やインターネットで調べて、物語を書く
- 紙芝居（かみしばい）を作る
- 紙芝居（かみしばい）を使って、故事成語（こじせいご）の話を発表する

活動の流れ

1. 故事成語（こじせいご）の由来を調べて、物語を書く

① 興味（きょうみ）のある故事成語（こじせいご）と意味について本やインターネットで調べて、＜意味調べワークシート＞に書く

② ＜意味調べワークシート＞の中から特に興味（きょうみ）のある故事成語（こじせいご）を一つ選び、＜紙芝居下（かみしばい）書きワークシート＞に下絵（えら）と物語文をわかりやすい表現（ひょうげん）で書く

＊「いつ」「だれが」「どこで」「何をした」「どうなった」のかがわかるように書く。

③ ＜紙芝居発表シート＞を使って作文を書き、先生にチェックしてもらう

④ 訂正（ていせい）があれば、もう一度書き直す

⑤ 物語を読む練習をする

2. 紙芝居（かみしばい）を作る

① 物語を４つの場面に分けて、４つの場面それぞれに合う絵を画用紙に描（か）く

② 以下（いか）のように画用紙の裏（うら）に物語文を貼（は）る

裏（うら）に物語文②を貼る	裏（うら）に物語文③を貼る	裏（うら）に物語文④を貼る	裏（うら）に物語文①を貼る
場面①	場面②	場面③	場面④

3. 発表する

① 紙芝居（かみしばい）を読む練習をする（情景（じょうけい）が浮（う）かぶように、登場人物の気持ちを込（こ）めて読む）

② クラスで発表する

＊機会（きかい）があれば日本人生徒（せいと）のクラスでも発表する。

③ 故事成語（こじせいご）の紙芝居（かみしばい）の後、聞いている生徒（せいと）に質問（しつもん）をして、内容（ないよう）を理解（りかい）しているか確認（かくにん）する

10

<＜意味調べワークシート＞

故事成語 （こ じ せい ご）	意味
（1）	
（2）	
（3）	
（4）	
（5）	

10

＜紙芝居下書きワークシート＞

　調べた故事成語について、その由来となる話をわかりやすい言葉で書き直しましょう。

　話を４つの場面に分けて、それに合う簡単な下絵と物語文をかいてください。

　発表する故事成語：＿＿＿＿＿＿＿＿＿＿＿＿＿＿＿＿＿＿＿＿＿＿＿＿＿

下絵を描く	物語文を書く
①	
②	
③	
④	

10

185

<紙芝居発表シート>

　下の文は「故事成語」の由来となった話のあらすじをまとめるための基本的な作文の構成です。<紙芝居下書きワークシート>を見ながら、下線部に言葉を入れなさい。その後、作文用紙に全部書き写しましょう。作文を書いたことがある人は、自分で内容をまとめて、作文を書いてもいいです。

紙芝居発表サンプルフォーム

起場面1	昔々、＿＿＿＿＿＿＿の＿＿＿＿＿＿＿という国のお話です。 　　　　　　　　　（国の名前） ＿＿＿＿＿＿＿の人で、＿＿＿＿＿＿＿＿＿＿＿＿＿がいました。 （国の名前）　　　　　　　　　（職業・身分など）
承場面2	ある日、＿＿＿＿＿＿＿＿＿＿＿＿＿＿＿＿＿＿。 　　　　　　　　　　　　（できごと・事件など）
転場面3	ところが、＿＿＿＿＿＿＿＿＿＿＿＿＿＿＿＿＿。 　　　　　　　　　　　　（できごと・事件など）
結場面4	＿＿＿＿＿＿＿＿＿。＿＿＿＿＿＿＿＿＿ということです。 　（できごと・事件など）　　　　　（結果） このことから「＿＿＿＿＿＿＿」という意味の故事成語が生まれました。 　　　　　　（故事成語の意味） この故事成語を「＿＿＿＿＿＿＿」と言います。 　　　　　　　　（故事成語）

　１．故事成語の由来を 400 字〜600 字くらいでまとめましょう。
　２．故事成語の紙芝居を発表する日は＿＿＿＿＿月＿＿＿＿＿日（＿＿＿）です。

10

●物語のはじまり

・昔々あるところに〜ました　　・〜という国のお話です　　・〜に〜している人がいました

●物語の展開

・ある日、〜ました　　　　・そして〜ました　　　　・それから〜ました

・ところが〜ました／ませんでした

●物語の終わり

・〜ということです　　　　・このことから〜ました

紙芝居発表例

起 場面1	昔々、中国の宋という国のお話です。 宋の人で、畑を耕している者がいました。
承 場面2	ある日、畑の中にあった切り株にウサギが走ってぶつかり、首の骨を折って死んでしまいました。男の人は言いました。 「何もしないでウサギを手にいれたぞ。今日はいい日だ」
転 場面3	そして男の人は持っていたスキを捨てて、畑を耕すのをやめてしまいました。それから毎日切り株を見守り、また切り株にウサギが走って、楽をしてウサギが手に入らないかと願っていました。
結 場面4	しかし、どんなに待ってもウサギを得ることはできませんでした。その人は宋の国の笑いものとなったということです。 　このことから「古い習慣を守って場面に応じた対応ができない」「いつまでも古い習慣にこだわる」「進歩がない」という意味の故事成語が生まれました。この故事成語を「守株」と言います。

10

トピック

11

音楽の歴史と作曲家

音楽は世界中で楽しまれています。現在では、国境を超えてさまざまなジャンルの音楽を楽しむことができるようになりました。どのような音楽が人々の間で親しまれてきたのか、歴史の流れとともに学びましょう。

はじめに

◆次の質問に答えましょう。

---

1. 音楽のジャンルの中で、次のうち最も古いものはどれですか。

   （a）ジャズ　　（b）ロック　　（c）ポップ　　（d）クラシック

2. 次の楽器の名前は何ですか。

   （a）ギター

   （b）リュート

   （c）バイオリン

   （d）チェンバロ

3. 次の3人は有名な作曲家です。時代の古い順番に並べなさい。

   （a）　　　　　　　　　　（b）　　　　　　　　　　（c）

   モーツァルト　　　　　ベートーヴェン　　　　　バッハ

4. 次の（1）～（4）は、だれについて述べていますか。（a）～（f）から選びなさい。

   （1）ロマン派の作曲家で、「ピアノの詩人」と呼ばれました。代表曲に『英雄ポロネーズ』『幻想即興曲（即興曲第4番）』『子犬のワルツ』などがあります。

   （2）ドイツの三大作曲家の一人で、古典派音楽の時代に活躍し、「楽聖」と呼ばれました。代表曲に『エリーゼのために』『田園』『運命』『英雄』などがあります。

   （3）バロック音楽を代表する作曲家で「音楽の父」と呼ばれ、教会音楽を多く作曲しました。

   （4）古典派音楽の時代に活躍し、小さいころから音楽の才能があり「神童」と呼ばれました。代表曲に『アイネ・クライネ・ナハトムジーク』『魔笛』などがあります。

（a）シューベルト	（b）ベートーヴェン	（c）ショパン
（d）モーツァルト	（e）ブラームス	（f）バッハ

11

リスニング

◆リスニング用のスクリプトがあります。（p.230）

「音楽の歴史と作曲家＜リスニング用＞」を聞いて、質問に答えましょう。

＜1回目＞

1．正しい文に○、間違っている文に×を書きましょう。

（1）クラシック音楽は教会の聖歌から始まりました。 （　　　　）

（2）15世紀までにバロック音楽が確立しました。 （　　　　）

（3）オペラが登場したのは、バロック音楽の時代です。 （　　　　）

（4）ロマン派音楽の代表的な作曲家は、モーツァルトです。 （　　　　）

（5）ロマン派音楽は、曲を通して自分の感情を表現しようとしたところに特徴があります。

（　　　　）

＜2回目＞

2．もう一度聞いて、次の（　　　　　　）に入る言葉を書き入れなさい。

音楽には、クラシック、ジャズ、ロック、ポップなどさまざまな（①　　　　　　　）
があります。その中でも最も歴史が古いのがクラシックです。クラシック音楽はヨーロッ
パの教会で歌われた聖歌から発展していったと考えられています。

16世紀末から18世紀中ごろの音楽は、（②　　　　　　　　　　）音楽と呼ばれます。
この時代に、作曲技法の基礎が確立されました。低音と（③　　　　　　　）を曲の柱と
して、それに旋律を載せて（④　　　　　　　）するのが特徴です。この時代、教会
音楽が多く作られましたが、（⑤　　　　　　　）などの歌劇音楽も登場しました。バッ
ハ、ヴィヴァルディ、ヘンデルがこの時代を代表する作曲家です。

18世紀中ごろから19世紀初頭の音楽は、（⑥　　　　　　　　）音楽と呼ばれます。
（⑦　　　　　　　）で洗練され、旋律が曲をリードしているのが特徴です。モーツァル
トや（⑧　　　　　　　　）がこの時代の代表的な作曲家です。その後に続く
（⑨　　　　　　　）音楽は、（　⑥　）音楽の特徴を受け継ぎ、日常から離れ、
（⑩　　　　　　　）や幻想といった自己の感情を表現しようとしたのが特徴です。この
時代の代表的な作曲家に、シューベルト、ショパン、ワーグナーといった人たちがいます。
その後、20世紀以降になると、一つの形式にとらわれず、時代や国境を超えてさまざま
な音楽が生まれるようになりました。

＊音声は https://www.3anet.co.jp/np/books/3936/ で聞いてください。

11

本文

みなさま、こんばんは。「サタデー・ミュージック」の時間です。音楽にはクラシック、ジャズ、ロック、ポップスなどさまざまなジャンルがありますが、最も歴史が古いのがクラシックです。今日はクラシックの代表的な作曲家と有名な曲を取り上げてご紹介したいと思います。クラシック音楽は、西洋の教会で歌われた聖歌から発展していったと考えられています。

16世紀末から18世紀中ごろの音楽は、バロック音楽と呼ばれています。この時代、長調や短調などの音の体系と作曲技法の基礎が確立し、オペラなどの歌劇音楽や協奏曲、ソナタが誕生しました。この時代の音楽は、豪華絢爛で劇的な作風です。低音と和音を曲の柱とし、それに旋律を載せて演奏するというところに特徴があります。バイオリンの改良も行われ、その演奏法も確立されていきました。しかし、この時代の作曲家は自分の好きな曲を作れるわけではなく、王侯や貴族、教会の意向に沿う形で曲を作っていました。

クラシックの巨匠といえば、バッハですね。本名をヨハン・セバスティアン・バッハと言います。バッハは1685年神聖ローマ帝国で生まれました。現代では「音楽の父」と呼ばれ、オルガンの名手としても有名です。バッハは教会音楽を中心に、協奏曲、管弦楽組曲など幅広く多くの曲を作曲しました。『主よ、人の望みの喜びよ』『トッカータとフーガ』などが有名です。では、ここで一曲お聞きいただきましょう。『管弦楽曲組曲第3番ニ長調BWN1068』の第2曲『アリア』を編曲した『G線上のアリア』です。では、どうぞ。

♪♪♪

いかがでしたでしょうか。ゆったりとした中にも豪華で、荘厳なイメージが伝わってきます。

次に紹介するのは、18世紀後半から19世紀前半までの古典派音楽です。18世紀後半、神聖ローマ帝国が現在のオーストリアとドイツあたりの地域を治め、絶対君主制を築いていました。フランスでも18世紀前半までにルイ14世の絶対王政が確立し、その後ルイ15世の時代になると、王侯や貴族たちが贅沢極まりない生活を送り、民衆は長く貧困に苦しめられていました。そのような時代に古典派音楽は生まれました。古典派音楽は軽快で洗練されているのが特徴です。旋律が曲をリードして、和音はあまり目立ちません。簡潔

11

で単純なメロディが好まれました。この時代の音楽の天才といえば、モーツァルトをおいて他にいないでしょう。ヴォルフガング・アマデウス・モーツァルトは、1756年神聖ローマ帝国で生まれ、幼いころからバイオリン、チェンバロ（ピアノの原型）などの楽器を演奏し、すでに作曲もしていました。その天才ぶりはヨーロッパ中に広まり、「神童」と呼ばれました。モーツァルトがまだ子どものころにウィーンで演奏をして、ハプスブルク家のマリーアントワネットに出会ったというエピソードも残っています。この時代の作曲家たちも王侯や貴族、教会の支援に頼っていたため、教会や王侯、貴族向けの曲作りを余儀なくされていたものと考えられます。しかし、モーツァルトは自分の意に沿わない曲は作りたくないと考え、独立した作曲家として活躍しました。モーツァルトは、交響曲、協奏曲、管弦楽曲、オペラ、ピアノ曲など、数々の名曲を残しましたが、35歳という若さで亡くなりました。モーツァルトの代表的な曲にピアノ曲『きらきら星変奏曲』、弦楽四重奏のための『アイネ・クライネ・ナハトムジーク』があります。きっとみなさんも聞いたことがあると思います。18世紀後半、イギリスで産業革命が興り、印刷技術が進歩したことで、大量に印刷することができるようになりました。そのおかげで楽譜も出版され、古典派音楽の後半の時代には、作曲家たちは収入を得ることができ、宮廷や教会から自立するようになりました。その結果、作曲家たちは自由に作曲することができ、音楽に人間的な深みを表せるようになっていきました。

　では、ここでモーツァルトの『アイネ・クライネ・ナハトムジーク』をお聞きください。

♪♪♪

モーツァルトの自由で、かつ歓喜に満ちたメロディとハーモニーのバランスがすばらしいですね。

　では、最後にベートーヴェンを紹介しましょう。ルートヴィヒ・ヴァン・ベートーヴェンは1770年神聖ローマ帝国で生まれました。モーツァルトに憧れ、ウィーンに留学しますが、モーツァルトのところで学ぶことができず落胆します。それでも、演奏家、作曲家としてデビューしサロンや演奏会で弾いていましたが、若くして難聴が悪化し、作曲をやめることを考えます。しかし、思いとどまり作曲家として再起を図ります。そして34歳の時に当時活躍していたナポレオンに捧げるため『交響曲第3番変ホ長調作品55（英雄）』

を作曲しました。その後も、『交響曲第5番ハ短調作品67（運命）』『交響曲第6番ヘ長調作品68（田園）』を発表し、交響曲の他にも、協奏曲、管弦楽曲、オペラ、ピアノ曲など幅広くすばらしい曲を残しました。ベートーヴェンは作曲家として聴力を失うというハンデをものともせず、その困難ですら作曲活動に生かしました。ベートーヴェンは音楽を通して、人間が生きていく上での喜びや悲しみ、希望の感情を表そうとしたと言われています。そして、彼の音楽は人間の感情や個性を重視するロマン派音楽という次の時代への橋渡しの役目をしました。ベートーヴェンは、その功績から「楽聖」と呼ばれています。では、ここで『ピアノソナタ第8番ハ短調（悲愴）』をお聞きください。

　♪♪♪

　ピアノの美しい音色に心を打たれます。緩やかなテンポは寂しさ、弱い音色は悲しさを表し、早いテンポは喜び、力強い音色は希望を表しているように感じられます。

　今日はクラシック音楽を紹介しました。何百年も前に作られた曲ですが、今でも私たちの心に深い感動を与えてくれます。音楽は、私たちの心を癒し、豊かにしてくれます。時代や国境を超えて、気持ちを共有することができるのも魅力です。音楽は、人類が生み出したかけがえのない宝物といえるでしょう。次回もすばらしい曲を紹介したいと思います。では、来週またこの時間にお会いしましょう。

（注）協奏曲：コンツェルト。独奏楽器（群）とオーケストラのための楽曲。
　　　ソナタ：楽曲形式の1つ。一般的に3部（提示部、展開部、再現部）から構成される。
　　　交響曲：一般的に4楽章から構成されるオーケストラ（管弦楽）のためのソナタ。
　　　弦楽四重奏曲：主にバイオリン2本、ビオラ、チェロによって演奏される室内楽。4つの楽章から構成され、一般的に第1楽章はソナタ形式である。

11

言葉リスト

◆次の言葉の読み方を書きなさい。わからない言葉の意味を調べましょう。

言葉	読み方	意味
代表的な		
作曲家		
聖歌		
発展する		
技法		
基礎		
確立する		
歌劇		
誕生する		
豪華絢爛な		
作風		
和音		
旋律		
演奏		
特徴		
改良		
王侯		
貴族		
意向		
沿う		
巨匠		
名手		

11

荘厳な		
治める		
絶対君主制		
築く		
贅沢な		
民衆		
貧困		
軽快な		
洗練する		
簡潔な		
単純な		
メロディ		
楽器		
支援		
独立する		
活躍する		
産業革命		
興る		
印刷		
進歩する		
楽譜		
出版する		
収入		
自立する		
憧れる		

落胆する		
悪化する		
思いとどまる		
再起		
図る		
捧げる		
ハンデ		
困難		
希望		
感情		
個性		
重視する		
橋渡し		
役目		
功績		
緩やかな		
テンポ		
音色		
感動		
癒す		
国境		
共有する		
人類		
かけがえのない		
宝物		

11

漢字言葉学習

1．次の漢字の読み方を書きなさい。

（1）音楽　　　（　　　　　　　　　　）　（2）作曲家　　（　　　　　　　　　　）

（3）確立する　（　　　　　　　　　　）　（4）和音　　　（　　　　　　　　　　）

（5）旋律　　　（　　　　　　　　　　）　（6）演奏　　　（　　　　　　　　　　）

（7）特徴　　　（　　　　　　　　　　）　（8）贅沢な　　（　　　　　　　　　　）

（9）洗練する　（　　　　　　　　　　）　（10）楽器　　　（　　　　　　　　　　）

（11）活躍する　（　　　　　　　　　　）　（12）産業革命　（　　　　　　　　　　）

（13）進歩する　（　　　　　　　　　　）　（14）楽譜　　　（　　　　　　　　　　）

（15）憧れる　　（　　　　　　　　　　）　（16）困難　　　（　　　　　　　　　　）

（17）個性　　　（　　　　　　　　　　）　（18）緩やかな　（　　　　　　　　　　）

（19）共有する　（　　　　　　　　　　）　（20）宝物　　　（　　　　　　　　　　）

2．次は何の言葉を説明していますか。本文の中から見つけなさい。

（1）必要以上にお金をかけたり、物を使ったりする様子　　　　　（　　　　　　　　　　）

（2）曲のメインになる旋律　　　　　　　　　　　　　　　　　　（　　　　　　　　　　）

（3）楽器を演奏したり歌を歌ったりするための音符が書いてある紙や本

　　　　　　　　　　　　　　　　　　　　　　　　　　　　　（　　　　　　　　　　）

（4）曲のスピードのこと　　　　　　　　　　　　　　　　　　　（　　　　　　　　　　）

（5）病気を治したり、傷ついた心、悲しい気持ちなどを穏やかにしたりする

　　　　　　　　　　　　　　　　　　　　　　　　　　　　　（　　　　　　　　　　）

文法学習

1. イ形容詞 ＋こと＋極_{きわ}まりない

ナ形容詞（な＋こと）／（な→×）＋極_{きわ}まりない

「とても～だ」「これ以上_{いじょう}ないくらい～だ」という意味で、ある様子について、普通_{ふつう}ではない、極端_{きょくたん}な場合や気持ちであることを表す。「ナ形容詞（な→×）＋極_{きわ}まる」という表現_{ひょうげん}も同じ意味を表す。硬_{かた}い表現_{ひょうげん}。

（1）お酒を飲んで運転するなんて、＿＿＿＿＿＿＿＿＿＿＿＿＿＿＿＿極_{きわ}まりない。

（2）災害_{さいがい}からの復興_{ふっこう}は、＿＿＿＿＿＿＿＿＿＿＿＿＿＿極_{きわ}まりなかった。

（3）＿＿＿＿＿＿＿＿＿＿＿＿＿＿＿＿＿＿＿＿＿＿＿＿＿＿＿

2. 名詞 ＋をおいて（…ない）

「～しか…ない」「～以外_{いがい}には…ない」という意味を強調して表す。後ろに否定_{ひてい}の言葉が来る。

（1）君をおいて、＿＿＿＿＿＿＿＿＿＿＿＿＿＿＿＿＿＿＿＿＿

（2）こんなに難_{むずか}しい問題が解_とけるのは、＿＿＿＿＿＿＿＿＿＿＿＿＿

（3）＿＿＿＿＿＿＿＿＿＿＿＿＿＿＿＿＿＿＿＿＿＿＿＿＿＿＿

3. 名詞 ＋ぶり

動詞（　　　　　　形）＋ぶり

人や物事の様子や状態_{じょうたい}を表す。話し手の驚_{おどろ}きや感心する気持ちを表現_{ひょうげん}する文で用いられることが多い。「食べる」「飲む」は、「食べっぷり」「飲みっぷり」となる。

（1）彼_{かれ}は何事にも一生懸命_{いっしょうけんめい}だ。彼_{かれ}の＿＿＿＿＿＿＿＿＿＿ぶりは、本当にすばらしい。

（2）彼女_{かのじょ}の＿＿＿＿＿＿＿＿＿ぶりからすると、＿＿＿＿＿＿＿＿＿＿＿＿

（3）＿＿＿＿＿＿＿＿＿＿＿＿＿＿＿＿＿＿＿＿＿＿＿＿＿＿＿

11

4. 名詞1 + 向けの + 名詞2

「名詞1のための名詞2」「名詞1用の名詞2」という意味を表す。名詞1には名詞2を使う人の属性を表す言葉（大人、子ども、若者、男性、女性など）、名詞2には物が来る。

（1）子ども向けの＿＿＿＿＿＿＿＿＿＿＿＿＿＿＿＿＿＿＿＿＿が大人にも人気だ。

（2）＿＿＿＿＿＿＿＿＿＿＿＿＿＿＿＿＿＿＿＿＿向けのパンフレットが必要だ。

（3）＿＿＿＿＿＿＿＿＿＿＿＿＿＿＿＿＿＿＿＿＿＿＿＿＿＿＿＿＿＿＿＿＿

5. 名詞 + を余儀なくされる

「他に方法がない」「〜するしか仕方がない」という意味を表す。

（1）雷で停電して、＿＿＿＿＿＿＿＿＿＿＿＿＿＿＿＿＿＿＿を余儀なくされた。

（2）開発途上国では未だに十分な食料が得られず、＿＿＿＿＿＿＿＿＿＿を余儀なく

されている人たちがいる。

（3）＿＿＿＿＿＿＿＿＿＿＿＿＿＿＿＿＿＿＿＿＿＿＿＿＿＿＿＿＿＿＿＿＿

6. 文（普通体） + ものと考えられる

「〜だろうと考えられる」という意味で、断定ではなく遠回しに推測している内容を表す。「〜ものと思われる」という表現も使われる。硬い表現。

　　＊文が「ナ形容詞だ」で終わる時は、「〜だ→〜な／である」となり、「名詞だ」で終わる時は、「〜だ→〜である」となる

（1）遺跡を調査した結果、その時代の人々は＿＿＿＿＿＿＿＿＿＿ものと考えられる。

（2）最近のデータから推測すると、子どもの体力は今後ますます＿＿＿＿＿＿＿＿＿

ものと考えられる。

（3）＿＿＿＿＿＿＿＿＿＿＿＿＿＿＿＿＿＿＿＿＿＿＿＿＿＿＿＿＿＿＿＿＿

7. 名詞／ナ形容詞（な→×）／動詞（ます形）＋かつ～

「かつ」の前後の２つのことがらが、同時に成り立つことを表す。硬い表現。

（１）このアルバイトをする上で＿＿＿＿＿＿＿＿＿かつ＿＿＿＿＿＿＿＿が求められる。

（２）このスマートフォンは＿＿＿＿＿＿＿＿かつ＿＿＿＿＿＿＿＿ため、人気が高い。

（３）＿＿＿＿＿＿＿＿＿＿＿＿＿＿＿＿＿＿＿＿＿＿＿＿＿＿＿＿＿＿＿＿＿

8. 名詞＋をものともせず

「～を問題にしないで」「～に負けないで」という意味を表す。第三者の行動について述べる時に使われ、自分がしたことには使わない。

（１）山下選手は＿＿＿＿＿＿＿＿＿をものともせず、オリンピックで金メダルを取った。

（２）彼女は周囲の反対をものともせず、＿＿＿＿＿＿＿＿＿＿＿＿＿＿＿＿＿＿＿

（３）＿＿＿＿＿＿＿＿＿＿＿＿＿＿＿＿＿＿＿＿＿＿＿＿＿＿＿＿＿＿＿＿＿

11

内容理解

1. 本文を読んで、正しい文に〇、間違っている文に×を書きなさい。

（1）王侯や貴族、教会の意向に沿って作られた曲をオペラと言います。　　　（　　　）

（2）バロック音楽は、旋律がリードして和音は目立ちません。　　　　　　　（　　　）

（3）バッハは作曲だけでなく楽器の演奏も上手でした。　　　　　　　　　　（　　　）

（4）古典派音楽の時代の後半、多くの作曲家たちが独立することができました。（　　　）

（5）モーツァルトは教会からの依頼で曲をたくさん作りました。　　　　　　（　　　）

（6）ベートーヴェンはモーツァルトに音楽を教えてもらいました。　　　　　（　　　）

（7）ベートーヴェンは耳が聞こえなくなり、曲作りをやめました。　　　　　（　　　）

（8）ベートーヴェンは音楽を通して感情を伝えようとしました。　　　　　　（　　　）

2. 本文を読んで、次の質問に答えなさい。

（1）下の①～③に音楽の時代の名前を書きなさい。④～⑥の代表的な作曲家については、本文で紹介された人物の名前を答えなさい。⑦～⑨の「音楽の特徴」については、下の＜音楽の特徴＞（a）～（f）から選びなさい。記号はすべて使います。

	音楽の時代の名前	代表的な作曲家	音楽の特徴
16 世紀末～ 18 世紀中ごろ	①	④ ・ヴィヴァルディ ・ヘンデル	⑦
18 世紀後半～ 19 世紀前半	②	⑤ ⑥	⑧
19 世紀	③	・シューベルト ・ショパン	⑨

＜音楽の特徴＞

（a）旋律が曲をリードして、和音はあまり目立たない　　（b）豪華絢爛で劇的な作風

（c）簡潔で単純なメロディ　　　　　　　　　　　　　　（d）軽快で洗練されている

（e）低音と和音を曲の柱とし、それに旋律を載せて演奏する

（f）人間の感情や個性を重視する

11

（２）バロック音楽と古典派音楽の時代には、なぜ作曲家たちは自分の好きな曲を作ること
　　ができませんでしたか。

（３）なぜ作曲家たちは自立して自分たちの好きな曲を作ることができるようになりましたか。

（４）本文で紹介された３人の作曲家について、本文をもとにまとめなさい。

作曲家	ヨハン・セバスティアン・バッハ	ヴォルフガング・アマデウス・モーツァルト	ルートヴィヒ・ヴァン・ベートーヴェン
作曲家の別名	①	②	③
音楽の時代	④　　　　　時代	⑤　　　　　時代	⑥　　　　　時代
誕生年〜亡くなった年	⑦　　　年〜1750年	⑧　　　年〜1791年	⑨　　　年〜1827年
代表的な曲	教会音楽や協奏曲、管弦楽組曲など ⑩『主よ、 　　　　　　　』 ⑪『トッカータと 　　　　　　　』 ⑫『G線上の 　　　　　　　』	交響曲、協奏曲、管弦楽曲、オペラ、ピアノ曲など ⑬『きらきら 　　　　　　　』 ⑭『アイネ・ 　　　　　　　』	交響曲、協奏曲、管弦楽曲、オペラ、ピアノ曲など ⑮『交響曲第3番 （　　　　　　）』 ⑯『交響曲第5番 （　　　　　　）』 ⑰『交響曲第6番 （　　　　　　）』 ⑱『ピアノソナタ第8番 （　　　　　　）』

11

（5）バッハ、モーツァルト、ベートーヴェンが生まれたのは、現在のどの地域でしょうか。
その地域を表す地図を選びなさい。

（a）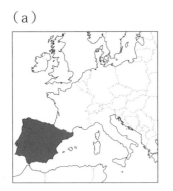　　　　（b）　　　　（c）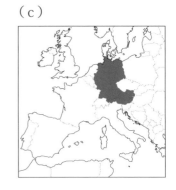

（6）本文に出てきた次の楽器の名前を答えなさい。

［①　　　　　　　　　　］　　［②　　　　　　　　　　　　］　　［③　　　　　　　　　　　］

活動 　歌詞の比較・日本語で歌う

> **活動のポイント**

- ・日本語と外国語で歌われている曲から表現を学ぶ
- ・2つの言語の歌詞を比べて作文を書く
- ・日本語の発音に気をつけて歌う

> **活動の流れ**

1．日本語と外国語で歌われている曲を探す・訳す

　① 2つのうちから活動を1つ選ぶ

　　活動1：外国語と日本語の両方の歌詞がある歌を探し、＜歌詞の比較シート＞に2つ
　　　　　の言語の歌詞を書く

　　活動2：外国語の歌を探し、＜歌詞の比較シート＞に外国語の歌詞と、自分で日本語
　　　　　に訳した歌詞を書く

　　＊ 外国語から日本語に訳す時はリズムや拍についても注意する。

　② 活動に応じて、本やインターネットで調べる

2．比べる・作文を書く

　①（活動1） 2つの言語の歌詞から言葉や表現の違いを比べる

　　（活動2） どこに気をつけて日本語に訳したのかをまとめる

　② 気づいたことや気をつけたことを作文に書く

3．発表する

　① 日本語の歌詞で歌を練習する

　② 日本語で歌う

　　＊ 一人で歌っても、ペアやグループで歌ってもいい。

11

１．外国語から日本語に訳されて歌われている曲、あるいは逆に日本語から外国語に訳されて歌われている曲を探しましょう。

①外国語の曲がオリジナルで、日本語で歌われている曲の例

・“Grandfather's Clock” アメリカの民謡　→　『大きな古時計』

・“Auld Lang Syne” スコットランドの民謡　→　『蛍の光』

・“My way” Frank Sinatra　→　『マイ・ウェイ』布施明

・“Turn It into Love” Kylie Minogue　→　『愛が止まらない〜 Turn it into love 〜』Wink

・“The Loco-Motion” Kylie Minogue　→　『ロコモーション』伊東ゆかり

・“Holding Out for a Hero” Bonnie Tyler　→　『ヒーロー HOLDING OUT FOR A HERO』
　　　　　　　　　　　　　　　　　　　　麻倉未稀

・“Livin' la Vida Loca” Ricky Martin　→　『GOLDFINGER '99』　郷ひろみ

・“A Whole New World”　→　『ホール・ニュー・ワールド』

・“Beauty and the Beast”　→　『美女と野獣』

②日本語の曲がオリジナルで、外国語で歌われている曲の例

・『上を向いて歩こう』坂本九　→　“SUKIYAKI” Bill & Boyd

・『ロビンソン』スピッツ　→　“ロビンソン”Debbie Gibson

・『瞳を閉じて』平井堅　→　“瞳を閉じて”Debbie Gibson

・『ハナミズキ』一青窈　→　“ハナミズキ”Eric Martin

・『涙そうそう』夏川りみ　→　“Nada Sou Sou”Hayley Westenra

・『三日月』絢香　→　“Crescent Moon”Charice Pempengco

・『粉雪』レミオロメン　→　“粉雪”BENI

2．外国語と日本語の歌詞を比べましょう。または外国語の歌詞を日本語に訳しましょう。
＜歌詞の比較シート＞

日本語タイトル：	外国語（　　　　語）のタイトル：
日本語の歌詞	外国語（　　　　語）の歌詞

3．2つの歌詞を比べて気づいたこと、日本語の歌詞について感じたことをまとめましょう。

11

4．2の歌を日本語で歌いましょう。一人で歌っても、ペアやグループで歌ってもいいです。
　日本語の発音や音の長さ（拍）にも気をつけて歌いましょう。

＜歌詞の比較発表シート＞

　下の文は日本語と外国語の歌詞を比べて、感じたことをまとめるための基本的な作文の構成です。下線部に必要な説明を入れて、その後、作文用紙に全部書き写しましょう。自分で作文が書ける人は、自分で内容をまとめて、作文を書いてもいいです。

/ **歌詞の比較発表サンプルフォーム** \

は じ め	私は＿＿＿＿＿＿＿語の＿＿＿＿＿＿＿＿＿＿と日本語の＿＿＿＿＿＿＿＿＿＿の 　　　　　　　（言語）　　　　　（曲のタイトル）　　　　　　　（曲のタイトル） 歌詞について、比べて気づいたことを紹介したいと思います。 　　　この曲は＿＿＿＿＿＿＿＿＿＿＿ました。＿＿＿＿＿＿＿＿では＿＿＿＿＿＿＿＿が 　　　　　　　（曲に関する情報）　　　　　（翻訳された国）　　　（歌手） ＿＿＿＿＿＿＿＿＿＿＿＿＿＿＿＿＿＿＿＿というタイトルでカバーしました。 　　　　　　（曲のタイトル）
な か	＿＿＿＿＿＿＿語と日本語の歌詞を比べて気づいたことは、＿＿＿＿＿＿＿＿＿ 　　　　　（言語）　　　　　　　　　　　　　　　　（気づいたこと） ということです。例えば、＿＿＿＿＿＿＿語では＿＿＿＿＿＿＿＿＿＿とありますが、 　　　　　　　　　　　（言語）　　　　　（比較したポイント） ＿＿＿＿＿＿＿語は＿＿＿＿＿＿＿＿＿＿となり、＿＿＿＿＿＿＿＿＿＿ました。 　（言語）　　　（比較したポイント）　　　　　（相違点） 他にも＿＿＿＿＿＿語では＿＿＿＿＿＿＿＿＿＿＿ですが、＿＿＿＿＿＿＿語では 　　　（言語）　　　　（比較したポイント）　　　　　（言語） ＿＿＿＿＿＿＿＿＿＿＿＿＿＿＿＿＿＿＿＿＿＿＿と思いました。 　　　　　（違いについて考えたこと） 　　　次に気づいたことは、＿＿＿＿＿＿＿語では＿＿＿＿＿＿＿＿＿＿＿＿＿、 　　　　　　　　　　　　　（言語）　　　　　（比較したポイント） ＿＿＿＿＿＿＿語では＿＿＿＿＿＿＿＿＿＿＿＿のがおもしろいと思いました。 　（言語）　　　（違いについて考えたこと）
お わ り	＿＿＿＿＿＿＿語と日本語の歌詞を比べてわかったことは、＿＿＿＿＿＿＿＿＿＿ 　　　　　（言語）　　　　　　　　　　　　　　　（わかったこと） ことです。歌詞の翻訳は＿＿＿＿＿＿＿＿＿＿＿＿＿＿＿＿＿と思いました。 　　　　　　　　　（気づいたこと、考えたこと）

11

　1．歌詞の紹介文を作文用紙に 400 字〜 600 字くらいでまとめましょう。
　　　提出日は＿＿＿＿＿月＿＿＿＿＿日（　　　　　）です。

　2．日本語の歌詞を練習して発表しましょう。
　　　発表は＿＿＿＿＿月＿＿＿＿＿日（　　　　　）です。

●紹介する
・私は～について、比べて気づいたことを紹介したいと思います
・～というタイトルでカバーしました
●比較する
・比べて気づいたことは～ということです　　・～語では…、日本語では…ました
・～は～と感じました　　　　　　　　　　　・～しているのではないかと感じました
・～を比べてわかったことは～ということです

歌詞の比較発表例

はじめ	私は英語の "Livin' La Vida Loca" と日本語の「GOLDFINGER '99」の歌詞について、比べて気づいたことを紹介したいと思います。この曲は 1999 年に Ricky Martin が発表して、世界各国で大ヒットしました。"La Vida Loca" というのはスペイン語で「クレイジーな人生」という意味です。日本では郷ひろみが「GOLDFINGER '99」というタイトルでカバーして、ヒットしました。
なか	英語と日本語の歌詞を比べて気づいたことは、英語の意味を忠実に訳しているわけではないということです。例えば、英語では "dancing in the rain" とありますが、日本語では「DANCIN'IN THE SUN」となり、"rain" が「SUN」に変わり、他の箇所でも「それは太陽が／させたことだよ／夏の太陽が」というように「太陽」という言葉が使われていました。一方、英語の歌詞には "sun" という単語はありませんが、"her skin's the color of mocha" という英語の歌詞から「太陽」が想像されることで、日本語の歌詞で「太陽」が使われているのではないかと思いました。 　次に気づいたことは、英語では "Livin' la vida loca" というフレーズがサビの部分で繰り返し使われてインパクトを与えていますが、日本語では「燃えているんだろうか」「感じたんだろうか」のように、最後の「ろうか」の音を "loca" に掛けてあるのがおもしろいと思いました。その他、英語では "rain" "pain" "brain" のように韻を踏んでいましたが、日本語では歌詞の中に韻を踏んだ単語を入れるのは難しいと感じました。代わりに「A CHI CHI A CHI」というフレーズを繰り返し使って、サビにインパクトを与えているのではないかと考えました。
おわり	英語と日本語の歌詞を比べてわかったことは、言語の違いも踏まえて訳されているということです。英語の歌では意味と音を巧みに組み合わせて韻を踏むので、それを日本語の歌詞で表現するのは難しいようですが、今回比べた「GOLDFINGER '99」では英語の歌詞の音を日本語の意味に当てはめてうまく表現していたところが翻訳の上手なところだと思いました。歌詞の翻訳は言語の違いはもちろん、メロディに合わせて歌詞を当てはめなければいけないところが、一般的な翻訳よりも難しいと思いました。

11

トピック

12

人権と裁判

じんけん　　さいばん

社会における憲法や法律の役割、また、私たち
けんぽう　ほうりつ　やくわり　　　　　　　わたし
の権利について学びます。そして、法律にもと
けんり　　　　　　　　　　　　　　ほうりつ
づいて、問題を解決するために行われる裁判の
かいけつ　　　　　　　　　　さいばん
仕組みについても学びます。

はじめに

◆次の質問に答えましょう。

1. 日本の裁判所は何種類ありますか。

 （a）3種類　　（b）4種類　　（c）5種類　　（d）6種類

2. 家庭裁判所は日本全国に何か所ありますか。

 （a）20か所　　（b）30か所　　（c）40か所　　（d）50か所

3. 日本では一つの事件について原則として何回まで裁判を受けることができますか。

 （a）2回　　（b）3回　　（c）4回　　（d）5回

4. 最高裁判所には、ギリシャ神話に登場する女神テミスの像があります。テミスはギリシャ神話に由来する女神で、「法の女神」として象徴的な存在です。この像は左手に何を持っていますか。

 （a）剣
 （b）法典
 （c）天秤
 （d）コンパス

5. 日本の裁判員制度では、原則として一つの事件ごとに、何人の裁判員が裁判に参加しますか。

 （a）3人　　（b）6人　　（c）9人　　（d）12人

6. 日本の裁判で裁判員が参加するのは次のどちらの裁判ですか。
 （a）民事裁判　　（b）刑事裁判

7. 裁判所が持つ権利は次のどれですか。
 （a）黙秘権　　（b）司法権　　（c）行政権　　（d）立法権

12

リスニング

◆リスニング用のスクリプトがあります。(p.231)
「人権と裁判＜リスニング用＞」を聞いて、質問に答えましょう。

＜1回目＞

1．正しい文に○、間違っている文に×を書きましょう。

（1）日本国憲法は、平等権、社会権、参政権を3つの原則として定めている。（　　　　）

（2）日本国憲法では、他人や組織によって人権が制限されている。（　　　　）

（3）昔は、権力を分担させチェックする仕組みはなかった。（　　　　）

（4）裁判所は人権を守るための役目を担っている。（　　　　）

（5）憲法や裁判所は人々が安心して社会で暮らすためにある。（　　　　）

＜2回目＞

2．もう一度聞いて、次の（　　　　）に入る言葉を書き入れなさい。

　　同じ社会に多くの人が暮らしていると、そこにはさまざまな視点や（①　　　　　　　）が存在する。そのため必要となるのが社会全体に共通する（②　　　　　　　　）と、その（　②　）に従って公正な判断を行う第三者である。（　②　）の中でも特に重要なのが日本国憲法で、平和主義、国民主権、基本的人権の（③　　　　　　　　）の3つを重要な原則として定めている。基本的人権には、平等権、自由権の他に、人間らしい豊かな生活を送るための社会権、政治に参加する（④　　　　　　　）である参政権などがあり、これらの（　④　）は他人や組織、国家などによって制限されないように特別に（⑤　　　　　　　）されている。

　　また、日本の国を治める権力は立法権、行政権、（⑥　　　　　　　　）の3つに分けられている。これは権力が1つに偏らないように国会、内閣、（⑦　　　　　　　　）という3つの機関で権力を分担して、それぞれの機関が正しく機能しているかを互いにチェックし合う仕組みである。この仕組みを（⑧　　　　　　　　　　）という。このような基本的人権の（　③　）や（　⑧　）の考えは、昔から当然のものとして認められていたわけではなく、長い歴史の中で人々が確立してきたものである。

　　（　⑦　）は、憲法や（⑨　　　　　　　　）にもとづいて争いを調停したり、（　⑨　）や政策が憲法に違反していないかの判断をしたりする重要な（⑩　　　　　　　　）を担っている。人々が安心して社会で暮らしていくために、憲法があり（　⑦　）がある。

*音声は https://www.3anet.co.jp/np/books/3936/ で聞いてください。

12

本文

　社会には多くの人々が暮らしており、さまざまな考え方や価値観が存在する。そのため、異なる立場の人たちの考え方が衝突した場合、トラブルや争いが生じてしまう恐れがある。そのような争いを解決するために必要とされるのが、社会全体に共通するルールと、そのルールに従って公正な判断を行う第三者である。日本ではそのルールは日本国憲法や法律であり、そのルールに則して公正な判断を行うのが裁判所である。

　国の最高法規である日本国憲法は 1947 年 5 月 3 日に施行された。過去の戦争を深く反省し、戦争をしないことを定めた平和主義、国民が国の政治のあり方を決定する国民主権、そして、基本的人権の尊重を三大原則としている。基本的人権には、平等に扱われる権利（平等権）、自由に考え、表現のできる権利（自由権）、人間らしい豊かな生活ができる権利（社会権）、政治に参加する権利（参政権）などが含まれる。

　この基本的人権の尊重という考えは、昔から当然のものとして認められていたわけではなく、長い歴史の中で人々が確立してきたものである。中世のヨーロッパでは貴族などの一部の人々が特権を握り、市民は苦しい生活を送っていた。しかし、17 世紀から 18 世紀にかけて、欧米で自由と権利を求めた市民革命や独立運動が起こり、等しく人権が尊重されるべきだという考えが社会に定着していった。このような欧米の革命や運動の影響を受けて、日本でも現在のような国民主権の考えが認められていった。さらに、社会の新しい変化に応じて、プライバシー権、嫌煙権、環境権、知る権利のような新しい人権も論じられてきている。

　また、日本国憲法は三権分立の原則を定めている。これは、権力が 1 つに偏らないように国会が立法権、内閣が行政権、裁判所が司法権というように、3 つの機関が権力を分担し、それぞれの機関が正しく機能しているかを互いにチェックし合うためである。国会は法律を作ったり廃止したりすることができる国の最高機関である。内閣は総理大臣を中心に組織され、法律を執行したり、国の予算案を作成したりする。裁判所は憲法や法律にもとづいて争いを解決したり、法律や政策が憲法に違反していないかの判断をしたりする。特に裁判所が担う司法権は、権力のあるものから圧力を受けないように、独立した権力として保障されている。このことを司法の独立という。

日本には、司法権を担う裁判所に最高裁判所、高等裁判所、地方裁判所、家庭裁判所、簡易裁判所の5種類がある。これらの裁判所で行われる裁判には大きく分けて民事訴訟と刑事訴訟の2種類がある。民事訴訟は、金銭トラブル、相続、離婚関係など日常に関わる問題を解決する裁判である。訴える側の原告と訴えられた側の被告の立場に分かれ、裁判が行われる。裁判官は両者の話を聞いた上で、事実と状況を踏まえて判決を下す。刑事訴訟は、殺人、傷害、窃盗、詐欺といった罪で起訴された人が有罪か無罪かを判断する裁判である。裁判では被告人の罪を追及する検察側と被告人の弁護側が事実に照らして状況の説明をしたり、証人を呼んで質問したりしながら審理を進める。裁判所が下した判決に納得できない場合は、新たな判決を求めて控訴することができる。公正かつ慎重に行うために一つの事件につき原則として3回まで審理を受けられる三審制が認められている。

　裁判は、私たちの生活とは直接関係ないと思っている人がいるかもしれないが、裁判は原則として公開されており、裁判を傍聴することは国民の権利として認められている。また、一般の人も裁判員として地方裁判所で行われる刑事裁判に参加し、裁判に関わる可能性もある。この制度を裁判員制度と言い、裁判に国民の社会的な常識を反映させることを目的として2009年に始まった。裁判員は成人した国民の中から選ばれ、原則として6人の裁判員が、3人の裁判官とともに審理を行い、被告人が有罪か無罪か、有罪の場合はどのような刑にするのかを決める。しかしながら、裁判員制度の課題としては、裁判に関わる責任の重さなどから裁判員を辞退する割合が高いことが挙げられる。

　人々が安心して社会で暮らしていくために憲法があり、人々の権利や自由を守る大切な役割を担う機関として裁判所がある。

12

言葉リスト

◆次の言葉の読み方を書きなさい。わからない言葉の意味を調べましょう。

言葉	読み方	意味
価値観		
衝突する		
争い		
解決する		
共通する		
従う		
公正な		
判断		
日本国憲法		
施行する		
定める		
尊重		
原則		
権利		
確立する		
特権		
革命		
独立		
定着する		
論じる		
権力		
偏る		

12

分担する		
機能する		
廃止する		
違反する		
担う		
圧力		
保障する		
相続		
訴訟		
訴える		
判決		
罪		
起訴する		
有罪		
無罪		
追及する		
照らす		
証人		
審理		
慎重な		
傍聴する		
常識		
反映する		
辞退する		

12

漢字言葉学習

1．次の漢字の読み方を書きなさい。

（1）人権　　（　　　　　　　）　　（2）裁判　　（　　　　　　　）

（3）価値観　（　　　　　　　）　　（4）争い　　（　　　　　　　）

（5）従う　　（　　　　　　　）　　（6）公正な　（　　　　　　　）

（7）憲法　　（　　　　　　　）　　（8）法律　　（　　　　　　　）

（9）定める　（　　　　　　　）　　（10）尊重　（　　　　　　　）

（11）権利　（　　　　　　　）　　（12）認める　（　　　　　　　）

（13）行政権（　　　　　　　）　　（14）司法権（　　　　　　　）

（15）担う　（　　　　　　　）　　（16）保障する（　　　　　　　）

（17）訴える（　　　　　　　）　　（18）罪　　（　　　　　　　）

（19）弁護　（　　　　　　　）　　（20）慎重な（　　　　　　　）

2．次は何の言葉を説明していますか。本文の中から見つけなさい。

（1）「違う」と同じ意味の言葉　　　　　　　　　　　（　　　　　　　）

（2）重要なものだと考えて大切にすること　　　　　　（　　　　　　　）

（3）自分の意志によってある物事を自由に決めたり要求したりする資格や力

　　　　　　　　　　　　　　　　　　　　　　　　　（　　　　　　　）

（4）規則を守らない　　　　　　　　　　　　　　　　（　　　　　　　）

（5）社会の中で人々が共通して持つべき知識や分別　　（　　　　　　　）

文法学習

1. |名詞|＋（　　　）＋恐(おそ)れがある

　　|動詞（普(ふ)通(つう)体(たい)）|＋恐(おそ)れがある

「〜する危(き)険(けん)がある」「〜の心配がある」という意味で、悪いことが起こる可(か)能(のう)性(せい)があることを表す。硬(かた)い表(ひょう)現(げん)。

（1）今後 30 年間に＿＿＿＿＿＿＿＿＿＿＿＿＿＿＿＿＿＿＿＿＿＿＿＿＿恐(おそ)れがある。

（2）雪が降(ふ)ると＿＿＿＿＿＿＿＿＿＿＿＿＿＿＿＿＿＿＿＿＿＿＿＿＿恐(おそ)れがある。

（3）＿＿＿＿＿＿＿＿＿＿＿＿＿＿＿＿＿＿＿＿＿＿＿＿＿＿＿＿＿＿＿＿＿

2. |名詞|＋に則(そく)して

「〜の基(き)準(じゅん)に従(したが)って」という意味を表す。

（1）＿＿＿＿＿＿＿＿＿＿＿＿＿＿＿＿＿＿＿＿＿＿に則(そく)して判(はん)断(だん)します。

（2）規(き)則(そく)に則(そく)して＿＿＿＿＿＿＿＿＿＿＿＿＿＿＿＿＿＿＿＿＿＿＿

（3）＿＿＿＿＿＿＿＿＿＿＿＿＿＿＿＿＿＿＿＿＿＿＿＿＿＿＿＿＿＿＿＿＿

3. |動詞（　　　　　形)|＋べきだ／べきである

　　|動詞（　　　　　形)|＋べき＋|名詞|

「〜するのがいい」「〜しなければいけない」という意味で、当(とう)然(ぜん)や義(ぎ)務(む)を表す。「する」は「すべき」という形もある。

（1）これは君がするべき＿＿＿＿＿＿＿＿＿＿＿＿＿＿＿＿＿＿＿＿＿＿＿

（2）学生は＿＿＿＿＿＿＿＿＿＿＿＿＿＿＿＿＿＿＿＿＿＿＿＿＿べきだ。

（3）＿＿＿＿＿＿＿＿＿＿＿＿＿＿＿＿＿＿＿＿＿＿＿＿＿＿＿＿＿＿＿＿＿

12

4. 名詞 ＋につき

「名詞」の部分には数量が来る。「～の数量を単位として」「～ごとに」という意味を表す。

（1）卵はお一人につき＿＿＿＿＿＿＿＿＿＿＿＿＿＿＿＿＿＿＿＿＿＿＿＿＿までとさせていただきます。

（2）このお肉は＿＿＿＿＿＿＿＿＿＿＿＿＿＿＿＿につき＿＿＿＿＿＿＿＿＿＿＿＿＿＿円です。

（3）＿＿＿＿＿＿＿＿＿＿＿＿＿＿＿＿＿＿＿＿＿＿＿＿＿＿＿＿＿＿＿＿＿＿＿＿＿＿

内容理解

1．本文を読んで、正しい文に○、間違っている文に×を書きなさい。

（1）基本的人権という考えは日本で確立され、ヨーロッパに影響を与えた。　（　　　）

（2）日本国憲法の三大原則は、国民主権、平等権、社会権である。　（　　　）

（3）時代や社会の変化とともに保障される権利も変化する。　（　　　）

（4）国会、内閣、裁判所の中で一番権力があるのは裁判所である。　（　　　）

（5）罪を犯した人が有罪かどうかを決めるのは警察である。　（　　　）

（6）日常のトラブルは裁判では扱われない。　（　　　）

（7）一般の人も裁判官に選ばれることがある。　（　　　）

（8）裁判員制度では、民事裁判と刑事裁判を扱う。　（　　　）

2．本文を読んで、次の質問に答えなさい。

（1）次の言葉を説明しているものを（a）～（f）から選びなさい。

①国民主権　　（　　　）　　②基本的人権の尊重　（　　　）

③平和主義　　（　　　）　　④司法の独立　　　　（　　　）

⑤三権分立　　（　　　）　　⑥三審制　　　　　　（　　　）

> （a）権力が1つに偏らないように国会、内閣、裁判所という3つの機関で権力を分担して、正しく機能しているかを互いにチェックし合う仕組み
>
> （b）等しく人権が大切にされるべきだという考え
>
> （c）一つの事件につき原則3回まで裁判を受けられる制度
>
> （d）国民が国の政治のあり方を決める権利を持つこと
>
> （e）過去の戦争を深く反省し、戦争をしないという考え
>
> （f）公正な裁判を行うために、裁判所が他の権力から圧力を受けないようにするという原則

（2）「基本的人権」という考えが生まれた歴史について下線に言葉を入れて、まとめなさい。

中世のヨーロッパでは①_____が特権を握り、

②_____は苦しい生活を送っていた。17世紀から18世紀にかけて③_____で

④_____と_____を求めた⑤_____や_____が起こり、

⑥_____という考えが社会に定着していった。

12

221

（3）「新しい人権」には他にどんなものがありますか。次の説明に合うものを本文から探し答えなさい。

権利の名前	説明
①	国民が情報収集を国や公共団体の権力に妨げられることなく自由に行える権利
②	公共の場所や共有の生活空間での喫煙を規制する権利
③	私生活を正当な理由もなく公開されない権利
④	健康で快適な生活を送るための良い環境を享受し、支配する権利。

（4）次の役割を担うのは、どこですか。本文の中からその機関の名前を探し、【機関】の欄に書き出しなさい。また、そこではどのようなことをしますか。【すること】について、下の（a）〜（f）から選びなさい。

①立法権【機関】　　　　　　　　　【すること】

②行政権【機関】　　　　　　　　　【すること】

③司法権【機関】　　　　　　　　　【すること】

（a）憲法や法律にもとづいて争いを解決する　（b）法律を執行する
（c）法律を作ったり廃止したりする　　　　（d）国の予算案を作成する
（e）法律や政策が憲法に違反していないかどうかの判断をする

（5）司法の独立が認められなければ、どのような問題が起こると考えられますか。下の空欄を埋めなさい。

司法の独立が認められなければ、①＿＿＿＿＿＿＿＿＿＿から②＿＿＿＿＿＿＿＿を

受けて、③＿＿＿＿＿＿＿＿＿ができなくなる。

12

（6）裁判員制度の目的と課題について書きなさい。

もくてき
目的：

かだい
課題：

（7）人権や法律に関する言葉について本やインターネットで調べたことをまとめなさい。

また、それについて自分でクイズを作りなさい。作ったクイズは活動で使います。

| 例）マグナ・カルタ　　エドワード・コーク　　ピューリタン革命　　名誉革命 |
| アメリカ独立革命　アメリカ南北戦争　　フランス革命　　世界人権宣言 |

・調べたこと

| |
| |

・クイズ

問題	答え
①	
②	
③	
④	

活動　すごろくゲーム

活動のポイント

・すごろくゲームで、人権と裁判の歴史について学ぶ
・すごろくのルールを理解して、ゲームをする

活動の流れ

1. 用意するもの

・コマ、サイコロ
・「すごろくシート」「クイズカード」「クイズの答え」
　＊下の URL からダウンロード後、印刷する。
　（https://www.3anet.co.jp/np/books/3936/）
　＊「クイズ例」のクイズは、本文の内容だけでなく、教科に関連する知識も含んでいます。
　＊法律や裁判に関係することを調べて、自分たちでさらにクイズカードを作りましょう。

2. すごろくをする

① プレイヤーと進行役（1 人）を決める
② 一人ずつ小さいコマを用意して、「スタート」のマスに置く
③ サイコロを振って、出た数字の数だけコマを進める
④ 「カードを引く」のマスに止まったら、カードを引く
⑤ カードを引いた人はクイズを読んで、進行役にカードを渡し、1 分以内にそのクイズに答える
　＊時間内であれば本やインターネットで調べてもよい。
⑥ 進行役は、「クイズの答え」を確認し、正解か不正解かを伝える
⑦ クイズに答えられればそのマスに留まる。答えられなかったり、間違えたりしたら元のマスに戻る
　＊元のマスに戻った場合は、そのマスの指示に従わなくてもよい。
⑧ 「一回休み」のマスについたら、次の自分の番は休みになる
⑨ 「○番に進む」「○番に戻る」のマスについたら、その指示に従う。進んだ（戻った）先のマスの指示には従わない
⑩ 「もう 1 回サイコロを振る」のマスについたら、もう 1 回サイコロを振って出た数だけさらに進むことができ、進んだ先のマスの指示にも従う
　＊さらに進んだ先のマスの指示が「カードを引く」だった場合、クイズに正解すれば、そのマスに留まるが、不正解の場合は、元のマスまで戻る。
　＊カードを使い切った場合は、カードをシャッフルして、そこからまたカードを引く。
　＊時間がなくて、早くすごろくゲームを進めたい場合はサイコロを 2 つ使ってもいい。

12

リスニング用スクリプト

トピック1　情報社会

　昔から人々は情報を伝えるために、さまざまな方法を使ってきました。（①　文字　）がまだなかった時代には、（②　太鼓　）や旗、口頭で情報を伝えていました。その後、（①　文字　）が発明されると、石や動物の骨、木片に情報を残すことができるようになり、紙が発明されてからはより多くの情報を残せるようになりました。さらに、（③　郵便　）制度ができ、（④　手紙　）によって遠くの人に情報を伝えることが身近になりました。また、19世紀にアメリカで（⑤　電話　）が発明され、より早く（⑥　音声　）で情報を伝えることができるようになりました。その後も、ラジオやテレビ、（⑦　コンピューター　）などが発明されました。今日ではインターネットが普及し、たくさんの情報を集めたり、個人でも情報を（⑧　発信　）したりすることができるようになりました。その一方で、それらの情報の中には誤ったものもあります。大切なのは、（⑨　信頼　）できる情報を見つけること、適切な通信メディアを使い、情報を多角的に（⑩　処理　）すること、正しい情報を伝える責任を持つことです。

トピック2　日本の歴史

　今から数千万年ほど前、日本はユーラシア大陸とつながっていました。しかし、地球の気候が暖かくなり、（①　氷　）が溶けて海の表面が上がったこと、そして火山活動や（②　地震　）などでプレートが動いたことで、今のような日本列島の形になりました。

　1万3000年ほど前の（③　縄文　）時代には、日本列島に住んでいた人々は狩りをしたり、木の実を採ったりして生活をしていました。紀元前4世紀ごろには大陸から米作りの方法が伝わり、米を作って食べるようになりました。この時代を（④　弥生　）時代と言います。その後、古墳時代になると、富と権力を持つ豪族が現れ、大王を中心とした政治が行われました。6世紀には大陸から（⑤　仏教　）が伝わり、日本各地に広まっていきました。

　飛鳥時代には、遣隋使を今の中国に送り、新しい文化を取り入れました。奈良時代は仏教の文化が栄え、寺や大仏が造られました。その後、（⑥　平安　）時代が400年ほど続き、（⑦　貴族　）の文化が栄えました。しかし、12世紀になると（⑧　武士　）の力が強くなり、鎌倉に幕府が開かれ、武士が政治の中心となる鎌倉時代が始まり、その後、（⑨　室町　）時代へと移ります。

　そして、安土桃山時代、（⑩　江戸　）時代、明治時代には、西洋との交流を持つようになり、現代へとつながります。日本の歴史を振り返ると、外国との交流を通し、日本の文化

を発展させてきたことがわかります。

トピック3　小泉八雲

　小泉八雲は明治時代の作家です。（①　本名　）をラフカディオ・ハーンと言います。1850年ギリシャ西岸のレフカダ島で生まれました。ハーンは、子どものころに辛い（②　経験　）をたくさんしました。小さいころに親と離れて暮らすことになり、親戚に引き取られて育てられていましたが、親戚は破産し、学校を辞めることになりました。その後、ハーンは19歳の時にアメリカに渡り、（③　職業　）を転々としました。ニューオリンズで（④　新聞記者　）として勤めていた時、（⑤　博覧会　）で日本の展示物を見て、日本の文化に興味を持ちました。そして、英語に（⑥　翻訳　）された『古事記』を読んで、ますます日本の（⑦　伝説　）や神話に興味を持ちました。ハーンは雑誌の（⑧　取材　）のため日本に来ることになりましたが、記者はやめて、中学校で英語の先生として働くことになりました。そこで小泉節子と結婚して、名前を小泉八雲に変えました。それから、東京帝国大学などで（⑨　英文学　）を教えました。そして、日本の古い（⑦　伝説　）や奇談を英語でまとめた『怪談』という本を出版し、海外に日本文化を紹介しました。ところが、1904年9月、その本が出版されてから半年もせずに亡くなりました。54歳でした。小泉八雲の本には、「雪女」「むじな」「耳なし芳一」など今でも語られる有名な（⑩　怖い　）話がたくさんあり、ヨーロッパやアメリカをはじめ、多くの国で出版されています。

トピック4　短歌と俳句

　（①　和歌　）とは、日本に古くから伝わる詩の形です。（①　和歌　）には、短歌、長歌、旋頭歌などの種類がありますが、その中でも特に多く詠まれたのが短歌です。短歌は五、七、五、七、七の（②　三十一　）音でできています。短歌の歴史は古く、（③　7世紀　）の半ばごろにはすでに成立していました。（④　奈良　）時代の『万葉集』は、日本で最も古い歌集として有名で、多くの短歌が詠まれています。平安時代には『古今和歌集』、鎌倉時代には『新古今和歌集』がまとめられました。短歌を通し、昔の時代の（⑤　文化　）や人々の考え方を知ることができます。短歌は現代でも作られ、たくさんの人々に親しまれています。

　（⑥　江戸　）時代になると、松尾芭蕉によって俳句のもととなる俳諧の芸術性が高められました。俳句は、五、七、五の十七音でできています。この限られた音の中に、（⑦　春夏秋冬　）の味わいや（⑧　自然　）の美しさ、人々の心を表そうとしています。俳句を作る時は、季語といって、（⑨　季節　）を表す言葉を入れるのが決まりになっています。現

代でも、俳句を作る人はたくさんいて、新聞などにも紹介されています。また、俳句は日本だけでなく外国でも人気があり、英語などに（⑩　翻訳　）されたり、外国語で作られたりするなど、国境を超えて楽しまれています。

トピック5　地震

　近年、地震、津波、台風、ハリケーン、洪水などの（①　災害　）が世界各地で起こり、大きな（②　被害　）をもたらしています。特に日本では地震が多く、体に感じられるものだけでも、1年間に約1000回から2000回もの地震が起きているそうです。地震が起こる原因の一つは、地球を覆っている（③　プレート　）が動いて、ぶつかることです。そして、海底で地震が起こると、津波が発生することがあります。これは、海底の（③　プレート　）が上下に揺れるからです。津波の伝わる速さは水深が浅ければ浅いほど遅くなり、津波の高さは高くなります。

　日本に住む私たちは、日ごろから油断せず、地震の（④　対策　）をしなければいけません。まず、ラジオや非常食などの（⑤　防災用品　）を用意したり、家具などが倒れないようにしたりすることが大切です。また、家族との連絡（⑥　方法　）も決めておく必要があります。さらに、自分が住んでいる場所の（①　災害　）の可能性について調べ、（⑦　避難　）する場所や経路を確認しておくことも必要です。

　現代のように科学が（⑧　発達　）した時代においても、自然（①　災害　）の発生を完全に（⑨　予測　）したり、防いだりすることはできません。そのため、私たちは自然を大切にし、（①　災害　）に関する（⑩　知識　）を持つことが大切です。

トピック6　ノーベル賞

　ノーベル賞は世界的に名誉のある賞で、アルフレッド・ノーベルの遺言で作られました。物理学賞、化学賞、生理学・医学賞、（①　文学　）賞、平和賞などがあり、国際社会に（②　貢献　）した人に与えられます。

　ノーベルは小さいころから家庭教師のもとで言語や化学の勉強をして、その後、爆薬の研究をしました。30歳の時、工場で事故が起こり、弟と助手が亡くなりました。それでも研究を続け、ダイナマイトの発明に成功し、世界的な富豪になりました。ダイナマイトはノーベルの（③　期待　）した通り、工事に役立つ一方、戦争でも使われ、たくさんの人が亡くなりました。ノーベルはそれを（④　後悔　）して、国際社会の発展に（②　貢献　）した人をたたえたいと思いました。ノーベルは63歳で亡くなりましたが、遺言にもとづき、ノーベル財団が設立され、1901年に初めてノーベル賞が授与されました。

これまでにノーベル賞を受賞した人に、マリー・キュリー、アルベルト・（⑤　アインシュタイン　）、アーネスト・ヘミングウェイなどがいます。社会や人々の生活がより（⑥　充実　）し、より豊かなものになるように、研究者たちの（⑦　挑戦　）が繰り返され、今日の社会の（⑧　基礎　）を築いています。変化し続ける社会において、新しい発見や（⑨　発想　）の転換が必要になるでしょう。さまざまなことがらに興味を持ち、大きな目標と（⑩　希望　）を持つことが、次の時代の大きな発見につながるかもしれません。

トピック7　体と健康

人間とロボットと、どちらが精密に作られていますか。実は人間の体は、どんな機械よりも複雑に作られています。人間の体にはまだたくさんの（①　なぞ　）があり、現代の医学でもわからないことがあります。

私たちの体は、父親と母親から受け継いだ（②　遺伝子　）にもとづいて作られています。最初に受精卵と呼ばれる一つの小さな細胞が作られ、細胞（③　分裂　）を繰り返します。そして、同じ種類の細胞が集まって組織を作り、いくつかの組織が集まって、ある特定の働きを持つ神経や（④　器官　）を形成していきます。そうして作られたのが、（⑤　心臓　）、肝臓、腎臓、脳、胃、小腸、大腸といった（④　器官　）です。

私たちの体には手や足のように、動かそうという意思で動く（④　器官　）もあれば、心臓や胃、腎臓、腸のように、私たちの意思と関係なく、毎日休まず働き続ける（④　器官　）もあります。それらの働きのおかげで、私たちは生きることができます。さらに、細菌や（⑥　ウイルス　）が私たちの体の中に入ると、それを見つけ出して体の外に出そうとします。そして、病気になればその病気を治そうとします。ところが、寝不足や（⑦　栄養　）不足だと、細菌や（⑥　ウイルス　）から身を守る（⑧　免疫　）機能が十分に働かず、病気になってしまいます。いつまでも健康でいるためには、筋肉や細胞が活動しやすいように、（⑦　栄養　）バランスのいい食事をとること、（⑨　適度　）な運動をすること、きちんと（⑩　睡眠　）をとること、ストレスをためないことが大切です。

トピック8　ボランティア活動

日本語の「ボランティア」という言葉は英語のvolunteerをカタカナで表したものです。今日では「自分の意志で社会のために（①　奉仕　）する人」という意味で「ボランティア」という言葉が使われ、さまざまな方法でボランティア活動が行われています。

現在でも世界ではさまざまな（②　災害　）や紛争、戦争が起こっています。そのような環境にいる人を助けるために、世界中の人が（③　協力　）し、さまざまな支援が行われて

います。ジャパンハートは、2004 年に設立され、「医療の届かないところに医療を届ける」という理念のもと、国、地域、（④　人種　）、政治、宗教、境遇を問わず、すべての人が平等に医療を受けられるように、ボランティア活動を行っています。医師や（⑤　看護師　）といった特別な知識を持つ人だけでなく、一般の人たちでも支援をすることができます。例えば、お金を寄付するだけでなく、かばんや（⑥　アクセサリー　）、洋服、本などの身の回りの使わなくなったものを寄付し、リサイクルで得られたお金で、世界の子どもたちに（⑦　手術　）や感染症予防の（⑧　注射　）を提供することができます。

　ボランティア活動は特別な（⑨　資格　）がなくても、相手のことを思い、手を差し伸べる気持ちがあれば、身近なことから始めることができます。その経験は相手を助けるだけではなく、自分のやりがいとなったり、自己を成長させたりすることができる（⑩　貴重　）な経験となるでしょう。

トピック9　リサイクル
　現在、デパートやスーパーにはたくさんの商品が並んでいます。しかし、売れ残ったものや古くなったものは捨てられ、ごみの量は増えるばかりです。生ごみなどの燃えるごみや、空き缶、空きびん、（①　ペットボトル　）などの資源ごみ、それから古くなった家具や（②　自転車　）といった粗大ごみなど、ごみの種類はさまざまです。最近では、まだ食べられる食品が捨てられる食品ロスも問題になっています。

　ごみの中には（③　処理　）が困難なものもあります。例えば、プラスチックは燃やしたり、地面の中に埋めたりしても、自然に戻ることはありません。また、私たちが捨てたプラスチックごみは、風や雨で流され、海にたどり着き、（④　マイクロプラスチック　）と呼ばれるとても小さな破片になります。それを海の生き物が食べ、さらにその（④　マイクロプラスチック　）を食べた魚を私たちが食べている可能性もあります。

　地球の（⑤　資源　）は限られています。その（⑤　資源　）を大切にするために4Rという取り組みが行われています。4Rには回収したごみを（⑤　資源　）として再利用する（⑥　リサイクル　）、フリーマーケットなどで売ったり買ったりして商品を繰り返し使う（⑦　リユース　）、ごみを減らす工夫をする（⑧　リデュース　）、包装紙などごみになるものを断る（⑨　リフューズ　）があります。

　ごみを増やさない、（⑤　資源　）を（⑩　無駄　）にしないためにも4Rを心がけて、身近なところから環境のためにできることをすることが大切です。

トピック10　故事成語

　日本は長い歴史の中で中国から多くの知識や（①　文化　）を学び、それを発展させ、日本独自の（①　文化　）を築いてきました。その代表的な例として、（②　文字　）があります。中国から（③　漢字　）が伝わるまで、日本では（②　文字　）は使われていませんでした。（③　漢字　）が伝えられると、日本語の音に（③　漢字　）を当てはめた万葉仮名が使われるようになりました。『古事記』や『万葉集』は、その万葉仮名で書かれています。そして、平安時代に入り、（③　漢字　）の一部からひらがなやカタカナが作られると、ひらがなを使った（④　文学　）が書かれました。『源氏物語』や『枕草子』が、その代表的な例です。

　中国からの影響は、（②　文字　）以外にも日本語の言葉や表現にも見られます。例えば、「（⑤　矛盾　）」という言葉は、中国の古い（⑥　書物　）に書かれているできごとに由来しています。このような言葉や表現を（⑦　故事成語　）と言います。他にも「五十歩百歩」「蛇足」「漁夫の利」「（⑧　推敲　）」「杞憂」などたくさんあります。故事成語は昔の時代の（⑨　エピソード　）をもとに作られ、その時代の知恵や（⑩　教訓　）を伝えてくれる表現です。長い年月を超え、昔の人の知恵や知識が今の時代にも受け継がれています。このような言葉や表現からも、歴史のつながりと、現代にも通用する（⑩　教訓　）を知ることができます。

トピック11　音楽の歴史と作曲家

　音楽には、クラシック、ジャズ、ロック、ポップなどさまざまな（①　ジャンル　）があります。その中でも最も歴史が古いのがクラシックです。クラシック音楽はヨーロッパの教会で歌われた聖歌から発展していったと考えられています。

　16世紀末から18世紀中ごろの音楽は、（②　バロック　）音楽と呼ばれます。この時代に、作曲技法の基礎が確立されました。低音と（③　和音　）を曲の柱として、それに旋律を載せて（④　演奏　）するのが特徴です。この時代、教会音楽が多く作られましたが、（⑤　オペラ　）などの歌劇音楽も登場しました。バッハ、ヴィヴァルディ、ヘンデルがこの時代を代表する作曲家です。

　18世紀中ごろから19世紀初頭の音楽は、（⑥　古典派　）音楽と呼ばれます。（⑦　軽快　）で洗練され、旋律が曲をリードしているのが特徴です。モーツァルトや（⑧　ベートーヴェン　）がこの時代の代表的な作曲家です。その後に続く（⑨　ロマン派　）音楽は、（⑥　古典派　）音楽の特徴を受け継ぎ、日常から離れ、（⑩　憧れ　）や幻想といった自己の感情を表現しようとしたのが特徴です。この時代の代表的な作曲家に、シューベルト、ショ

パン、ワーグナーといった人たちがいます。その後、20世紀以降になると、一つの形式にとらわれず、時代や国境を超えてさまざまな音楽が生まれるようになりました。

トピック12　人権と裁判

　同じ社会に多くの人が暮らしていると、そこにはさまざまな視点や（①　価値観　）が存在する。そのため必要となるのが社会全体に共通する（②　ルール　）と、その（②　ルール　）に従って公正な判断を行う第三者である。（②　ルール　）の中でも特に重要なのが日本国憲法で、平和主義、国民主権、基本的人権の（③　尊重　）の3つを重要な原則として定めている。基本的人権には、平等権、自由権の他に、人間らしい豊かな生活を送るための社会権、政治に参加する（④　権利　）である参政権などがあり、これらの（④　権利　）は他人や組織、国家などによって制限されないように特別に（⑤　保障　）されている。

　また、日本の国を治める権力は立法権、行政権、（⑥　司法権　）の3つに分けられている。これは権力が1つに偏らないように国会、内閣、（⑦　裁判所　）という3つの機関で権力を分担して、それぞれの機関が正しく機能しているかを互いにチェックし合う仕組みである。この仕組みを（⑧　三権分立　）という。このような基本的人権の（③　尊重　）や（⑧　三権分立　）の考えは、昔から当然のものとして認められていたわけではなく、長い歴史の中で人々が確立してきたものである。

　（⑦　裁判所　）は、憲法や（⑨　法律　）にもとづいて争いを調停したり、（⑨　法律　）や政策が憲法に違反していないかの判断をしたりする重要な（⑩　役割　）を担っている。人々が安心して社会で暮らしていくために、憲法があり（⑦　裁判所　）がある。

著者

有本 昌代（ありもと まさよ）

大阪外国語大学、神戸大学大学院にて英語教育、日本語教育を学ぶ。
インターナショナルスクールにおける国際バカロレア機構のIBプログラムの指導経験を生かし、学校教育における日本語指導カリキュラムと教材開発の研究に取り組む。
オーストラリアで日本語アシスタント、タイの大学において日本語教育と年少者を対象とした教授法の指導を経て、現在は大阪の公立学校で日本語指導に携わり、教材の開発や教員研修なども行う。

イラスト
有本昌代、内山洋見（87ページ）

カバーイラスト
有本昌代

装丁・本文デザイン
柳本あかね

画像提供

PIXTA　　　　　　　204ページ（6）①、③
Dmitriy Cherevko/stock.foto

　　　　　　　　　　190ページ2

株式会社三創楽器製作所　204ページ（6）②

外国人生徒のための教科につなげる日本語
応用編

2023年4月21日　初版第1刷発行

著　者　　有本昌代
発行者　　藤嵜政子
発　行　　株式会社スリーエーネットワーク
　　　　　〒102-0083　東京都千代田区麹町3丁目4番
　　　　　　　　　　　トラスティ麹町ビル2F
　　　　　電話　営業　03（5275）2722
　　　　　　　　編集　03（5275）2725
　　　　　https://www.3anet.co.jp/
印　刷　　三美印刷株式会社

ISBN978-4-88319-918-1　C0081